사법이 인정한 일본군'위안부'
피해·가해 사실은 지울 수 없다!

SHIHO GA NINTEI SHITA NIHON-GUN "IANFU" — HIGAI · KAGAIJIJITSU WA KESENAI!
by Hiroko Tsubokawa, Noriko Omori

Copyright © 2025 by Hiroko Tsubokawa, Noriko Omori
Korean Translation Copyright © 2025 by The Korean Council for Justice and Remembrance for the Issues of Military Sexual Slavery by Japan (The Korean Council)

This edition is published by HanulMPlus Inc. in 2025 by arrangement with Kamogawa Shuppan, Kyoto.

이 책의 한국어판 저작권은 Kamogawa Shuppan와의 독점계약으로 '일본군성노예제문제해결을 위한 정의기억연대'에 있고, 한국어판 독점 출판권은 한울엠플러스(주)에 있습니다. 저작권법에 의해 보호를 받는 저작물이므로 무단 전재와 무단 복제를 금합니다.

司法が認定した日本軍「慰安婦」―被害・加害事実は消せない!

사법이 인정한 일본군 '위안부'
피해·가해 사실은 지울 수 없다!

일본군성노예제 문제해결을 위한 정의기억연대 한국어판 기획
쓰보카와 히로코, 오오모리 노리코 편저
김창록 감수
이원규 옮김

한울

일러두기

1. 이 책은 坪川宏子·大森典子 編著, 『司法が認定した日本軍「慰安婦」― 被害·加害事実は消せない!』(かもがわブックレット 186)(かもがわ出版, 2011)을 완역한 것입니다.
2. 번역을 함에 있어서는 직역을 원칙으로 하되 필요한 최소한의 범위에서 윤문을 했습니다.
3. 문서명, 조약명에는 홑낫표(「 」)를, 저서명에는 겹낫표(『 』)를, 잡지명·신문명에는 쌍화살괄호(≪ ≫)를 붙였습니다.
4. 피해자인 원고의 성명인 경우 성만 표기하고 이름은 숨김표로 처리(즉, ○○ 표기)했습니다(승계인인 경우 △△).
5. 일본어 한글 표기는 '최영애-김용옥 일본어 표기법(C. K. System)'에 따랐습니다.
6. 중국 지명과 인명은 우리 식 한자음으로 표기했고, 중국인 피해자 원고의 성은 한자로 표기했습니다.
7. 연도는 모두 서력기원으로 표기했습니다.

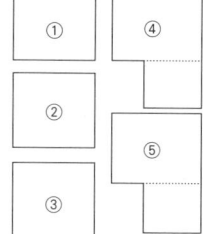

① 북한 방진(芳津)의 위안소 '은월루', 지금은 병원이 되어 있다.
② 중국 산서성(山西省) 맹현(孟縣)의 야오돈[수혈식(竪穴式) 주거], 여성들은 여기에 감금되어 윤간당했다.
③ 말레이시아 베난도(島)에 남아 있는 육군 전용 위안소 흔적, 지금은 호텔이 되어 있다.
④ 중국 남경(南京) 시내에서 위안소로 사용된 '킨스이루(樓)'(중앙의 큰 건물)와 그 실내.
⑤ 동티모르의 마로보 위안소 흔적. 온천이 솟아나는 일본 군인의 휴양지였다.

※ **일본군위안소 사진**
액티브 뮤지엄 '여성들의 전쟁과 평화 자료관'이 작성한 '일본군위안소 맵'에서
사진 제공: 나카하라 미찌코(中原道子), 니시노 루미코(西野瑠美子), 노부카와 미쯔코(信川美津子), 후루사와 키요코(古沢希代子), 김영

차례

한국어판 서문: 한국어 번역판 출판에 즈음한 감사의 말씀
　　　_쯔보카와 히로코(坪川宏子) …… 9

시작하며 …… 13

'위안부' 재판이 남긴 것 _오오모리 노리코(大森典子) …… 15

일본군'위안부'에 관한 사실에 대해 _쯔보카와 히로코 …… 25

재판에서 사실로 인정된 원고의 피해와 일본군의 가해 …… 39

1	한국 유족회 재판 …… 42	2	관부 재판 …… 49
3	필리핀인 재판 …… 61	4	재일한국인 재판 …… 62
5	네덜란드인 재판 …… 66	6	중국인 제1차 재판 …… 69
7	중국인 제2차 재판 …… 76	8	산서성 재판 …… 83
9	대만 재판 …… 99	10	해남도 재판 …… 100

사실인정 총정리 …… 111

마치며 …… 119

[참고 자료 1] 123
- 제2차 조사 공표 시 발표문: **이른바 종군위안부 문제에 대해** 125
- 위안부 관계 조사 결과 발표에 관한 내각관방장관 담화: **코오노 담화** 132

[참고 자료 2] 135
- 입법 부작위에 기한 손해배상을 인정한 일부 승소 판결: **관부 재판** 137
- 입법적·행정적 해결을 희망한다는 취지의 부언 판결: **산서성 재판** 141

감수 후기: **왜 지금 일본 재판소의 판결을 읽는가?** _김창록 145
발간 후기: **왜 지금 이 책인가?** _이나영 151

한국어판 서문

한국어 번역판 출판에 즈음한 감사의 말씀

이번에 이 책이 한국에서 번역·출판되는 데 대해, 우선 정의연의 이나영 이사장님을 비롯한 관계자 여러분들께 깊은 감사의 말씀을 드립니다.

이 책자는 일본의 재판소에 제소된 아시아와 네덜란드의 10건의 배상청구재판 가운데, 8건의 판결에서 인정되었던 피해 사실, 가해 사실을 망라하고 있습니다. 최고재판소에서 배상은 모두 기각되었고, 피해자의 승소를 이끌어낸 한국 사법부에는 도저히 미치지 못하지만, 당시의 '입법 부작위에 따른 일부 승소' 판결이나, '입법적·행정적 해결을 희망하는 부언'을 기술한 판결 등, 재판관의 고뇌와 양심이 드러나는 판결도 소개했습니다. 또한, 일본 정부가 1993년에 공표한 성실한 '조사 결과'와 「코오노 관방장관 담화」도 자료로 기재했습니다. 2011년에 출판된 이래, 올해 7월에 신장판(9쇄에 해당한다) 1,200부를 출판한 스테디셀러이기도 합니다.

그러나 일본 정부는 2017년 이후의 『외교청서』에서, 일본의 입장은 "군·관헌의 강제 연행, 수십만 명의 위안부, 성노예라는 주장은 사실이라고는 인식하고 있지 않다"라고 설명했고, 2020년 이후 현재까지도 "강제 연행, 성노예, 20만 등의 숫자는 사실에 기반하고 있다고는 말하기 어렵다"(거짓말이다)라며 사실 부정을 강화하여, '당당'하게 전 세계를 향해 발신했습니다. 그리고 그것을 소녀상 철거의 근거로 삼으며 피해자들에게 2차 가해를 가하고 있는 상황입니다. 또한, 교과서에서 '종군위안부'의 '종군'을 삭제하게 했고, 우파들도 "공창·상행위", "코오노 담화는 허구의 작문(作文)"이라며 제멋대로 폭언을 일삼고 있습니다.

게다가, 한국에서도 우파가 대두하여 "업자와 계약한 매춘부"라는 망언을 한다는 이야기도 들립니다만, 그들이 근거로 삼고 인용하고 있는 램지어 씨는, "실은, 조선인 계약서는 발견할 수 없고, 본 적도 없다"라고 자백하고 있습니다(≪한겨레≫, 2021). 근거 없는 난폭한 언설을 학문의 자유라며 허용할 수 있겠습니까?

증언(구술사)은 문서 자료 못지않게 중요하고, 양자는 상호 보완 관계에 있습니다. [모집 주체인 군(軍)을 감추고, 모집은] "어디까지나 업자의 자발적 희망에 따른 것처럼 ……" 했다고 기록하고 있는 문서 자료의 중요성과 마찬가지로, 피해자밖에 말할 수 없는 생생한 사실(모집·위안소의 실태, 전후 고통스러운 삶 등)에 대한 인식이야말로, 이 문제에서 기본 중의 기본입니다.

피해자와 지원자들은 한국과 일본에서의 이러한 역사수정주의를 결코 용납할 수도 좌시할 수도 없습니다. 여러분과 함께, 특히 그들이야말로, 가해국의 사법이 인정한 피해 사실, 가해 사실을 직시하기를 바랍니다. 그것이야말로 사람들이 이 문제를 생각할 때 되돌아보아야 할 점입니다.

사법의 사실인정은 소를 제기한 각국의 피해자와 일본의 변호사를 비롯한 각국의 지원자들이 10여 년에 걸쳐 이어온 재판 투쟁의 귀중한 성과입니다. 부디 많은 분들이 이 책자를 읽어주셔서 피해자가 요구하는 진정한 해결에 다소나마 도움이 되기를 희망합니다.

편저자를 대표하여
쯔보카와 히로코(坪川宏子)

시작하며

피해자가 처음 이름을 밝히고 나선 지도 이미 20년이 지났습니다. 일본군'위안부' 문제가, 전시 성폭력의 사실을 밝힘으로써 피해자의 정의 회복과 여성의 인권 문제를 제기했고, 국제 사회도 이 문제의 해결을 반복해서 권고하고 있습니다. 그럼에도 불구하고 왜 이 문제가 해결되지 않는 것일까요?

샌프란시스코 조약이나 양국 간 조약으로 법적으로 완전히 해결되었다고 하는 일본 정부의 강고한 자세, 황국의 위신이나 가부장적인 사회를 유지하고 싶어 하는 세력의 존재 등 여러 이유가 있습니다만,

- 이 책 주된 내용의 첫 원고는 쯔보카와 히로코(坪川宏子) 편집·해설, 「일본의 재판소가 인정한 일본군'위안부'의 피해 사실(日本の裁判所が認定した日本軍「慰安婦」の被害事実)」, ≪계간 전쟁 책임 연구(季刊戦争責任研究)≫, 56·57(2007)입니다. 출판을 하면서 편저자 2명은 위 글 전체 내용을 재점검하고, 해남도(海南島)에 대해서는 그 후 나온 고등재판소 판결로 교체했으며, 서명 원고를 추가했습니다. 또한 이 책은 제2차 아베(安倍) 내각이 성립되기 전에 출판된 것입니다.

그중 하나의 큰 요인은 '위안부' 제도의 역사적 사실이 사람들에게 제대로 인식되지 않고 있다는 것이 아닐까요?

1993년에 두 번째 정부 조사가 발표되고, 일본군·정부의 관여와 강제성을 인정하며 사과한 「코오노(河野) 담화」가 공표되었습니다. 그러나 '위안부' 기술은 검정을 할 때마다 중학교 역사교과서에서 사라지고, 언론도 보도하지 않았으며, '상행위' 등 각료의 폭언도 공적으로 반론되지 않아, 사람들에게 무엇이 진실인지 애매해지고 말았습니다. 이미 정부와 민간의 다수의 조사와 증언 청취에 의해 사실이 밝혀졌지만, 이 책은 총 10건의 재판 중 8건에서 인정된 '배경 사정과 피해 사실'을 망라하고 있습니다.

즉, 일본의 사법이 인정한 가해와 피해의 '사실'입니다. 한번 읽어 보시면, 부정파의 주장 따위는 단숨에 날려버리는 압도적인 힘으로 역사의 진실이 드러나게 될 것입니다. 18년간 피해자, 변호사, 지원자들이 전력을 기울여 싸운 재판으로 획득한 '사실인정'의 성과는 더 널리 알려져도 좋지 않을까요? 이 성과가 사람들의 역사 인식의 기반이 되어 '위안부' 문제가 하루빨리 해결되는 데 도움이 되기를 마음으로부터 기원합니다.

'위안부' 재판이 남긴 것

오오모리 노리코(大森典子)

1. 머리말

1991년 8월에 김학순 씨가 자신의 피해를 공개적으로 밝힌 후 20년이 지났습니다. 그간 각국의 피해자들이 일본 정부를 피고로 사죄와 배상을 요구한 재판은 총 10건에 이릅니다(37쪽의 표 참조). 마지막 사건인 해남도 사건의 최고재판소 판결이 2010년 3월에 나와, 모든 재판이 종료되었습니다.

  이들 재판의 결론은 모두 다 원고(피해자)의 청구를 인정하지 않는 것이었지만, 많은 판결에서 원고들의 피해를 명확히 인정했고, 그런 이유로 당시의 군의 행동을 엄중히 비난하는 등 많은 성과를 남겼습니다.

2. 관부 재판 1심 판결과 그 영향

이들 재판 가운데 판결 주문에서 원고가 승소한 것은 부산 종군위안부 사건에 대해 1998년 4월 27일에 선고된 야마구찌(山口) 지방재판소 시모노세키 지부 판결(관부 재판 판결이라고 불립니다. 137쪽 참조)뿐이었습니다. 이 관부 재판 판결은, 1993년 8월의 코오노 내각 관방장관 담화로 '위안부'로 지칭된 피해자에 대한 배상의 필요성이 명백해졌음에도 불구하고, 이를 위한 입법을 하지 않은 국회에 부작위의 위법이 있다고 하여, 국가에 대해 배상을 명한 것이었습니다.

  이 판결은, 이전까지 이 문제의 해결은 내각의 책임이라고 생각해 온 많은 국회의원들에게 충격을 주었습니다. 행정부에 맡길 것이 아니라, 입법부인 국회도 피해자에 대한 사죄와 배상을 구체화하는 법률을 제정할 의무가 있다는 점이 판결에 명시되었기 때문입니다. 이 판결을 받아들여, 당시의 세 야당 즉 민주당, 사회당, 공산당은 2001년에 공동으로 '전시 성적 강제 피해자 문제의 해결 촉진에 관한 법률'안(약칭 해결촉진법)을 국회에 제출했고, 그 후 2008년까지 8회에 걸쳐 계속 제출했습니다. 유감스럽게도 이 법안은 아직 제정되지 못했지만, 이 문제의 해결 방향을 구체적인 법률의 형태로 제시한 것으로서 지금도 운동의 측면에서 커다란 의미가 있습니다.

3. 판결이 남긴 것

1) 사실인정

관부 재판 판결을 제외한 다른 판결은 배상 청구를 인정하지는 않았습니다만, 뒤에서 자세하게 설명하는 것처럼, 10건 중 8건의 판결은 사실인정을 통해 원고(피해자)들의 피해 실태를 자세하게 보여주었습니다. "'위안부'는 없었다"라거나 "강제 연행은 없었다"는 따위의 주장에 대해, 재판소가 엄격한 증거 조사를 한 결과, 인정하고 있는 '사실'은 매우 중요합니다. 원고로서 재판에서 자신의 피해 사실을 밝힌 사람의 수는 제한되어 있습니다만, 같은 종류의 피해가 이러한 판결의 배후에 수천 명, 수만 명이 있다는 것을 보여주는 것이므로, 그러한 시각에서 판결로 인정된 아래의 사실들을 살펴봐 주시기 바랍니다.

법정으로 향하는 피해자와 지원자
오오모리 노리코 제공.

2) 위법성 판단

다수의 판결에서 이와 같이 인정된 사실을 기반으로, 당시의 국제법과 국내법에 비추어 일본군의 행위는 위법하다고 엄하게 가해의 위법성을 설시하고 있습니다.

거의 모든 재판에서 원고들은 국제법에 기초하는 손해배상 청구를 했습니다만, 판결에서는 모두 국제법은 국가와 국가 사이의 관계를 규율하는 것이어서 피해자가 직접 상대국에 대해 청구할 수는 없다고 판단하여, 이 주장은 인정되지 않았습니다. 그러나 재일한국인 재판에서는 아래와 같이 국제법 위반이 있었음을 인정하고 있습니다. 먼저 ① "종군위안부의 실태에 대해서는 노예 상태와 유사한 중대한 인권 침해가 있었다고 추인할 수 있다", ② "항소인이 종사한, 위에서 인정한 종군위안부의 노동이 강제노동조약이 금지하는 강제노동에 해당하며, 피항소인에게 위 조약 위반에 따른 국제법상의 국가책임이 성립한다고 해석할 여지는 있다", ③ "항소인이 종사한 종군위안부 노동은 추업조약의 적용 대상인 '추업'이었음이 인정된다"라고 판단했습니다. 그리고 이러한 판단을 전제로, "항소인들인 종군위안부의 설치, 운영에 대해서는, 당시의 일본을 구속한 강제노동조약, 추업조약에 대한 위반행위가 있는 경우도 있었다고 인정할 수 있으며, 각각 조약 위반으로 인한 국제법상의 국가 책임이 발생했다고 인정된다"라고 판단했습니다. 거의 유사한 판단은, 유족회 재판의 항소심 판결에도 제시되어 있습니다.

또한 중국인 피해자처럼 점령지에서 피해를 입은 케이스에서는, 헤이그 육전규칙에 관한 판단이 제시되어 있습니다. 예를 들면, 산서성(山西省) 재판에서는, "(헤이그 육전규칙 제46조)가 보호 내지 그 침해의 금지를 규정한 개인의 권리·이익에는, 이 사건 가해행위, 특히 강간 행위에 의해 유린된 피해자 원고들의 성적 자기결정권도, 원고들이 주장하는 '집안의 명예'에 구태여 포함시켜 해석할 필요도 없을 정도로, 그 보호의 대상이 되어야 하는 것이며, 이 사건 가해행위는 '전쟁은 평시에는 허용되지 않는 행위도 허용한다'라고 일컬어지는 전시하의 일이었다고 하더라도, 이것이 국제법적으로 시인될 여지는 전혀 없는 것이라고 하지 않을 수 없다"라고 설시하고 있습니다. 이와 유사한 판단은 해남도 사건의 항소심에서도 제시되어 있습니다(107쪽).

또한 해남도 사건의 항소심 판결은 국내법과의 관계에서 상세하게 가해행위의 위법성을 인정했습니다(108쪽). 그러나 국가무책임이나 제척 기간, 나아가서는 청구권이 포기되었다는 등의 이유로, 결론적으로는 모든 사건에서 국가에 대해 배상의무를 인정하는 데까지는 이르지 못했습니다. 다만, 일부 판결에서는 위법한 행위에 의한 손해배상 청구권의 발생은 인정되었습니다.

3) 최고재판소의 판단

2007년 4월 27일에 최고재판소는 중국인 강제 연행 사건과 중국인 '위안부' 제2차 소송에 대해, 중일공동성명이라는 말하자면 중일 간 평화조약의 성격을 가진 합의 문서에 의해, 중국인 전쟁 피해자의 배상 청구 '소권(소송을 제기할 권능)'은 상실되었다고 판시했습니다. 이 판결의 중일공동성명에 대한 해석은, 많은 학자들이 비판하는 것처럼, 이론적으로도 역사적 사실 인식으로도 문제가 많은 판단입니다만, 말하자면 이 판결은 일본의 재판소에 중국인 피해자가 소를 제기할 수 없다고 하는 정치적 결론을 선고한 것이라고도 할 수 있는 판결이었습니다.

그러나 다른 한편으로, 이 판결은 청구권 그 자체가 소멸한 것은 아니라고 확실하게 밝혔기 때문에, 피해자가 재판 이외의 방법으로 해결을 구하는 것, 일본 정부가 이에 성실하게 대응해야 한다는 것은 당연하다고 할 수 있습니다.

4. 재판 투쟁에서 획득한 것을 무기로

2007년 최고재판소 판결은, 한편으로 재판소로서는 이 문제를 받아들이는 것을 거부한 것입니다만, 다른 한편으로 강제 연행 사건에 대해 정치적 해결을 촉구하는 '부언(付言)'을 덧붙였습니다. 이러한 중대한 인권 침해가 아직도 해결되지 않은 채로 남아 있는 것은 용납될 수 없는 일이며, 가해자(기업과 정부)는 피해자의 손상된 인권의 회복을 도모해야 한다는 메시지입니다. 그리고 그 후, 이 부언을 단서로 중국인 강제 연행 사건의 가해 기업 중 하나인 니시마쯔(西松) 건설과 피해자 사이에 화해가 성립된 것은 '위안부' 사건에도 큰 용기를 주고 있습니다.

'위안부(성폭력 피해자)' 문제에 대해서도, 이 책을 읽고 재판소가 인정한 사실을 다시금 확인함으로써, 해결에 대한 확신을 확산시켜 주시기 바랍니다.

일본군'위안부'에 관한 사실에 대해

쯔보카와 히로코(坪川宏子)

1. 정부의 거짓 답변

1991년 8월에 한국의 김학순 씨가 그때까지 자신의 수치로 그저 숨기기만 해온 '위안부' 피해를 최초로 실명으로 공표한 동기는 무엇이었을까요? 그것은 그 전해 6월에 모토오카 쇼오지(本岡昭次) 사회당 의원이 참의원 예산위원회에서 일본 정부에 대해 '위안부'에 관한 조사에 대해 질문했을 때, 노동성 직업안정국장이 "민간의 업자가 그런 분들을 군(軍)과 함께 데리고 다녔던" 상황이기 때문에 조사는 불가능하다고 답변한, 일본 정부의 거짓말에 대한 강한 분노였다고 들었습니다. 피해자의 실명 고발은 사회에 큰 충격을 주었습니다. 그리고 김학순 씨 등 3명의 피해자(이후 참여)는 같은 해 12월에 최초의 '위안부' 재판을 제기했습니다.

2. 정부의 조사

다음 해 1월에 요시미 요시아키(吉見義明) 쮸우오오(中央)대 교수가 방위청 도서관에서 발견한 군의 관여를 보여주는 공문서가 크게 보도되자, 일본 정부는 조사를 서둘러, 7월에 1차 조사 결과를 발표하며 군과 정부의 관여를 인정했습니다. 그러나 경찰청과 노동성의 자료는 0건으로 조사 범위도 좁았고, 강제 연행은 자료가 없다면서 인정하지 않았기 때문에, 국내외에서 강한 비판을 받아 재조사를 하지 않을 수 없었습니다. 그리고 1993년 8월에 2차 조사 결과를 공표하며 모집과 위안소 생활에서의 강제성을 인정했습니다. 2차 조사는 대상도 광범위했고, 각 성청(省庁)과 미국 등에서 260건 이상의 자료를 조사했고, 피해자 16명의 인터뷰도 7월에 서울의 유족회 사무소에서 이루어졌습니다. 당시에 저도 그 자리에 있었습니다만, 할머니가 한 분씩 옆방으로 들어갔다가 오랜 시간이 지난 후 눈시울을 붉히며 나오셨습니다. 변호사였던 후쿠시마 미즈호(福島瑞穂) 사민당 당수도 옵서버로 동석하셨습니다. 그런데, 2차 조사 결과 발표 당시에 내각외정심의실(內閣外政審議室)의 발표문과 두 차례의 조사에 기반하여 작성된 「코오노 담화」

도 발표되었고, 이 둘은 많은 판결에서 인용되었으므로, 참고 자료 (123쪽 이하)를 우선 봐주시기 바랍니다. 또 「코오노 담화」는 역대 내각에 의해 계승되어 공식 견해가 되어 있습니다.

3. '위안부' 문제의 확산

아시아에서 피해자들이 연이어 자신의 이름을 밝히며 나섰고 잇따라 재판이 제기되었습니다.

한국정신대문제대책협의회는 '위안부' 문제를 유엔(UN)에 제기하여 세계적인 문제로 발전시켰습니다. 유엔 인권위원회(쿠마라스와미 보고서)를 비롯하여 국제노동기구(ILO), 여성차별철폐위원회 등 많은 국제기구에서 해결을 요구하는 권고가 이어지고 있습니다. 또한 1992년 구 유고 분쟁에서의 집단 강간 등의 충격과 겹치면서, 유엔 세계인권회의(1993년 빈)·베이징 세계여성회의(1995년) 등에서 논의되어, 그때까지 전쟁에는 항상 따라다니는 것으로서 '집안의 명예'에 대한 침해로 생각되었던 강간 등이 여성 개인에 대한 인권 침해로 파악된 결과,

올연대가 의원을 대상으로 개최한 공청회(2008년)
오른쪽이 원고 万 씨.

국제 문서로서는 최초로 빈 선언 및 행동계획에 "여성의 인권은 보편적 인권의 불가결한 부분", "무력 분쟁에서의 인권 침해, 특히 조직적 강간, 성적 노예제 …… 는 특별히 유효한 대응이 필요"라고 명기되었습니다. '위안부' 제도에 대한 미처벌이 현재의 전시 성폭력으로 이어진다고 생각되었습니다. 이 문제와 관련해서 젠더적 시점에서의 국내법·국제법, 사회학·여성사 등의 연구가 진전되었습니다. 조사 결과도 피해국에서 축적되었고, 일본에서도 연구자·시민들의 조사로 진상 규명이 진척되어 많은 사실이 밝혀졌습니다. 전쟁책임자료센터에서 관련 목록을 만들었고, 수많은 자원봉사자들이 여러 차례 국회 도서관의 방대한 기록과 전 병사들의 회상록 등을 망라하여 읽는 조사도 계속되고 있습니다. 또한 일본 각지에서 각국 피해자를 초청한 증언 집회가 여러 차례 개최되었으며, 특히 여성국제전범법정에서 나온 다수의 피해자, 연구자, 관계자들의 증언은 시민들에게 이 문제의 실상을 명확히 제시했습니다.

한편 재판 지원을 시작으로 많은 지원 단체가 생겨, 피해국과 연대하여 정부에 사죄와 배상을 요구했습니다.

대응을 요구받은 무라야마(村山) 내각이 1995년에 '아시아여성기금'을 발족시켰지만, 국가배상은 아니어서 한국·대만에서는 많은 피해자로부터 보상에 갈음하는 금원이 거부당했다는 것은 주지의 사실입니다만, 여기에서는 상세히 언급하지 않겠습니다.

4. 교과서의 '위안부' 기술과 그 삭제 움직임

"역사 교육을 통해서" "역사의 교훈으로" 삼는다고 표명한 「코오노 담화」를 배경으로, 1997년도 중학교 역사교과서 7종 모두에 '위안부'가 기술되었습니다(1994년 집필, 1995년 검정, 1996년 채택). 예를 들면, 교육출판의 역사교과서는 "또 많은 조선인 여성 등도 위안부로서 전장으로 보내졌다"라고 기술했고, 나아가 전후보상 문제, 재판, 사진 설명에서 "전 위안부"라는 단어를 기재하고 있습니다. 의무교육을 통해 난징 학살·위안부 제도 등 침략 전쟁의 가해 사실을 가르치는 것에 위기감을 품은 우파 세력은, 그것을 '자학사관(自虐史觀)'이라고 강하게 비난했고, 1997년 1월에는 '새로운 역사교과서를 만드는 모임'을 결성하여 자신들의 교과서 출판에 나섰습니다. 국회의원들도 함께 연계하여 같은 해 2월에 '일본의 앞날과 역사교육을 생각하는 젊은 의원 모임[나카가와 쇼오이찌(中川昭一) 회장, 아베 신조오(安倍晋三) 사무국장]' 등의 의원연맹을 결성하고, 서로 호응하면서 교과서에서 '위안부'를 삭제하기 위한 대대적인 캠페인을 개시했습니다. 난징 학살과 '위안부'는 황국의 위신을 손상시키는 기피해야만 하는 금기였습니다. 「코오노 담화」를 계승하는 정부의 각료 중에서 "공창이었다", "상행위였다('매춘부')"라며 피해자를 모독하는 폭언을 쏟아내는 사람이 계속 등장했고, 나가노(永野) 법무상은 난징 사건 날조 발언과 '공창' 발언으로 경질되었지만

여성국제전범법정 마지막 날 판결(정식 판결은 이듬해)**에 대해 기뻐하는 각국의 피해자**
윤정옥 제공.

(1994년), 그 후의 폭언에 대해서는 책임을 추궁당하지 않았습니다(이와 같은 방치에 대해, 미국 하원 등 4개국 의회는 결의를 통해 성노예화를 부정하는 "어떠한 주장에 대해서도 명확하고도 공적으로 반박할 것"이라고 일본 정부에 엄중하게 권고하고 있습니다).

1998년에 마찌무라(町村) 문부대신은 국회에서, 교과서에 부정적 요소가 너무 많다, 검정 이전의 집필 단계부터, 또 채택 단계에서 개선할 수 없는지 검토하고 있다고 답변하는 등(다음 해에 실제로 문부성 교과서

과장이 출판사에 균형 잡힌 내용과 저자 구성의 재검토를 요청했다고 합니다), 삭제를 위한 정치적 압력이 있었습니다. 이렇게 해서, '위안부' 기술은 출판사의 자기 검열과 검정에 의해 2002년도용에서는 세 개 회사 교과서로 격감했고, 2006년도용에서는 두 개 회사 교과서로 줄었습니다. 그리고 마침내 2012년도용에서는 모든 교과서에서 완전히 사라져 버렸습니다. 제가 속한 '중학교 역사교과서에 〈위안부〉 기술의 부활을 요구하는 시민연락회'가 2009년부터 자료를 가지고 몇 번이나 출판사를 방문해 기술해 줄 것을 지속적으로 요청한 것도 소용이 없었습니다. 기술이 사라진 또 하나의 이유는 채택 제도에 있습니다. 출판사도 채택되는(팔리는) 교과서를 목표로 합니다. 채택하는 것은 소학교·중학교에서는 교육위원회인데, 교육위원은 수장이 추천하고 의회의 승인을 얻어 임명하기 때문에, 채택에는 수장의 의향이 반영되기 쉽습니다. 반면, 학교마다 현장 교원이 채택하는 고등학교 교과서에는 '위안부'가 다수 기술되어 있습니다.

5. 「코오노 담화」 철회 움직임과 미국 하원 결의

2007년은 아베 정권이 '위안부'가 교과서에 기술되는 근거가 된 「코오노 담화」를 눈엣가시로 여겨 그 철회와 '위안부' 문제의 말살을 획책하는 한편, 전 세계적으로 '위안부' 문제가 크게 대두된 해였습니다. 왜냐하면, 7월에 미국 하원에서 일본 정부에 대해, ① 성노예제 강제에 관한 명확한 공적 인정, 사죄, 책임, ② 진솔한 정부 담화에도 잇따르는 의문을 매듭짓고, ③ 망언에 대한 명확하고 공적인 반박, ④ 현재·미래 세대에 대한 교육, 국제 사회의 권고에 따를 것을 권고하는 결의안이 채택되어 국제적으로 큰 화제가 되었고, 나아가 네덜란드 하원, 캐나다 하원, 유럽연합(EU) 의회 등에서 연달아 결의가 나왔기 때문입니다.

그 무렵 소속되어 있던 '행동 넷'(약칭 발전해소)에 제안하여 사실인정에 관한 작은 팸플릿을 멤버들과 작성했는데, 그 동기에 대해서는 ≪계간 전쟁책임연구≫에 게재한 문장이 당시의 분위기를 잘 표현하고 있기 때문에, 아래에 이를 그대로 전재하고자 합니다.

그것은 한마디로 말하면 「코오노 담화」에 대한 재검토가 본격화되어, 가만히 좌시하고 있으면 17년간의 '위안부' 문제에 대한 역사가 사라져 버린다는 강한 위기감이다. 2006년 아베 수상의 취임은 우리를 절망적으로 만들었다. 그는 명실상부 '일본의 앞날과 역사교육을 생각하는 젊은 의원의 모임'의 사무국장이었고, NHK의 프로그램 개편에도 관계했고, 교과서의 '위안부' 기술 삭제, 「코오노 담화」의 수정·철회를 기도하는 최선봉이었으며(이며), 같은 모임 멤버인 시모무라 하쿠분(下村博文), 나카가와 쇼오이찌(中川昭一), 나카야마 나리아키(中山成彬) 씨 등등이 정권을 공고화하고 있었기 때문이다. 아베 수상은 취임하자마자 「코오노 담화」를 계승한다고 답변했지만, 아니나 다를까 곧바로 시모무라 관방부장관이 재검토의 필요를, 12월에는 나카가와 정조회장이 조기 시정을 언급했고, 앞에 언급한 의원연맹(현재는 '젊은'을 삭제)의 나카야마 회장은 새로운 담화의 발표를 내년 봄에 제언하겠다고 말했으며, 수상도 자민당이 협의의 강제 연행은 없었다고 확인하는 재조사를 실시하고 정부가 자료 제공으로 협력하겠다며 재검토를 선동했다. 1월 말에 미국 하원에 '위안부' 결의안이 상정되자 「코오노 담화」에 대한 압력이 더욱 강해졌다. 총리는 3월에 '협의의 강제 연행은 없다'라는 지론이 초래한 전 세계적인 비난의 광풍을 누그러뜨리기 위해, 「코오노 담화」 존중을 강조했지만, 경악스러운 일은 총리의 담화 존중·사죄(입에 발린 말이기는 하지만)와는 달리, 시

일본군'위안부' 재판에서의 군의 관여·피해 사실인정의 유무

재판명(약칭)	제소 연도	원고 수	지방재판소	고등재판소	최고재판소	비고
1. 한국 유족회	1991	9	○	○	기각	
2. 관부(関釜)	1992	3	○	○	〃	지방재판소 일부 승소
3. 필리핀	1993	46	×	×	〃	
4. 재일한국인	1993	1	○	○	〃	
5. 네덜란드인	1994	1	○	○*	〃	
6. 중국인 1차	1995	4	×	○	〃	
7. 중국인 2차	1996	2	○	○	〃	
8. 산서성	1998	10	○	○	〃	
9. 대만	1999	9	×	×	〃	지방재판소 부언 적시
10. 해남도	2001	8	○	○	〃	

주: 1) ○ - 사실인정 있음, × - 사실인정 없음(피해를 부정하는 것은 아니고, 사실인정을 하지 않은 것이다), ○* - 특별한 언급은 없지만, 지방재판소의 사실인정을 부정하지 않았다. 또 피해 사실인정은 고등재판소의 인정으로 확정된다. 최고재판소에서의 기각은 배상 청구를 기각한 것.

2) 원고의 수는 '위안부' 피해자, 그 유족, 소송승계인의 수이며, 다른 원고는 포함하지 않는다.

3) 재판의 정식 명칭은 아래와 같음.
    1. 아시아태평양전쟁 한국인 희생자 배상 청구 사건
    2. 부산 종군위안부·여자근로정신대 공식사죄 등 청구 사건
    3. 필리핀 '종군위안부' 국가배상 청구 사건
    4. 재일한국인 전 종군위안부 사죄·배상 청구 사건
    5. 네덜란드인 전 포로·민간 억류자 손해배상 청구 사건
    6. 중국인 '위안부' 손해배상 청구 사건(1차)
    7. 중국인 '위안부' 손해배상 청구 사건(2차)
    8. 산서성 성폭력 피해자 손해배상 등 청구 사건
    9. 대만 전 '위안부' 사죄 청구·손해배상 사건
    10. 해남도 전시 성폭력 피해 배상청구 사건

4) 지방재판소에 제소한 사람을 원고라고 하고, 그 판결에 불복하여 고등재판소에 상소하는 것을 항소라고 하며, 다시 최고재판소로 상소하는 것을 상고라고 한다.

모무라 관방부장관은 군의 관여를 부정하는 데까지 나아갔고, 4월에는 나카야마 전 문부과학상이 위안부는 대부분 일본 여성이며 "벌이가 되는 장사였다"라고 폭언을 쏟아내는 등, 이전이었으면 당연히 경질될 만한 망언이 마구 쏟아져 나오는 상황이다. 경질을 요구하는 언론도 없다. 이와 같은 정부 내의 분업에 의한 악랄한 연계 플레이를 통한 '위안부' 문제 덮기를 저지하기 위해, 재판을 오랫동안 지원해 온 우리들이 할 수 있는 것, 즉 군과 정부의 관여도, 협의의 강제 연행도 일본 사법부의 판결에서 확실하게 인정되었다는 '사실'을 홍보·선전하는 것, 이것이 이 변변찮은 팸플릿에 의거해 전하고자 하는 바람이다.

팸플릿에서는 극히 일부를 선별했습니다만, 하야시 히로후미(林博史) 선생의 권유도 있어서, 모든 판결의 사실인정을 조사·정리하여, '사실'을 지워버리려 하는 움직임에 반대하는 작은 주춧돌이 되고자 합니다.

재판에서 사실로 인정된 원고의 피해와 일본군의 가해

아래에서는 사실인정이 이루어진 8개 재판의 지방재판소, 고등재판소 및 최고재판소 판결의 사실인정 부분에 대해 소개합니다.

| 범례 |

① ( )는 원문.

② 〔 〕·【 】·＊·고딕체 등은 편저자. 중요한 내용은 '〔생략〕'하지 않았다.

③ 성명 앞에 일일이 '원고 누구누구'와 '원고' 등이 붙어 있는 판결도 있지만, 처음 등장하는 경우를 제외하고는 생략했다.●

● 원문의 한자를 표기하기 위해 사용한 ( )와 설명에 사용한 [ ]는 옮긴이가 붙인 것입니다.

1

한국 유족회 재판 　 토오쿄오(東京) 고등재판소 판결
(2003년 7월 22일)

제4 당(當) 재판소의 판단

1. 이 사건의 배경 사정 및 항소인들과 그 관계자 각자에 대한 사실 경과에 대한 판단

1) 이 사건 배경 사정의 개략에 대해

(2) 이 사건의 배경 사정 가운데 다툼이 없는 사실과 증거(갑1, [생략], 증인 요시미 요시아키)에 의하면, 아래와 같은 사실이 인정된다.

① 구 일본군의 경우, 1932년 이른바 상해사변(上海事變)이 끝난 무렵부터 추업을 목적으로 하는 군사위안소(이하 '위안소'라고 한다)가 설치되었고, 그 무렵부터 종전 때까지 장기간에 걸쳐 그리고 광범위한 지역에 걸쳐 위안소가 설치되었고, 수많은 군대 위안부가 배

치되었다.

　당시의 정부 내부 자료에 의하면, 각지에서의 위안소 개설의 이유는, 구 일본군 점령 지역 내에서 구 일본 군인이 주민에 대해 강간 등의 불법적인 행위를 하는 것을 방지하고, 이 불법적인 행위들에 의해 반일 감정이 조성되는 것을 방지할 필요성이 있다는 것 등이라고 되어 있었다.

② 군대 위안부의 모집은, 구 일본군 당국의 요청을 받은 경영자의 의뢰에 의해 알선업자가 이를 담당했는데, 전쟁의 확대와 함께 군대 위안부 확보의 필요성이 높아져, 업자들은 감언이설로 속이거나 사기 협박에 의해 본인들의 의사에 반해 모집하는 경우가 많았고, 나아가 관헌이 이에 가담하는 등의 사례도 발견되었다. 전장으로 이송된 군대 위안부의 출신 지역은, 일본을 제외하면 조선반도 출신자가 큰 비중을 차지하고 있었다.

③ 구 일본군은, 업자와 군대 위안부의 수송의 경우, 특별히 군속에 준하여 도항 허가를 부여했고, 또 일본국 정부는 군대 위안부에게 신분증명서를 발급했다.

④ 다수의 위안소는 구 일본군의 개설 허가 아래 민간업자에 의해 경영되었지만, 일부 지역에서는 구 일본군에 의해 직접 경영된 예도 있었다. 민간업자가 경영하는 경우에는, 구 일본군이 위안소의

시설을 정비하고, 위안소의 이용 시간, 이용 요금, 이용 시의 주의 사항 등을 정한 위안소 규정을 정하고, 군의관에 의한 위생 관리가 행해지는 등, 구 일본군에 의한 위안소의 설치, 운영, 유지 및 관리에 대한 직접적인 관여가 있었다.

또 군대 위안부는 전장에서는 상시 구 일본군의 관리 아래 있었고, 구 일본군과 함께 행동하도록 강요당했다.

⑤ 전선이 확대된 후, 패주하는 혼란스러운 상황에서, 구 일본군이 함께 행동하고 있던 군대 위안부를 현지에 방치한 사례도 있었다.

【참고】 이 내용은, 내각외정심의실이 발표한 「이른바 종군위안부 문제에 대해」의 "2. 이른바 종군위안부 문제의 실태에 대해"[127쪽 참조]의 내용과 거의 겹친다. 지방재판소 판결(2001년 3월 26일)에도 같은 문장으로 되어 있고, 고등재판소는 그것을 인용하여 인정하고 있다.

2) 항소인들 각자의 사실 경과에 대해

항소인들과 피항소인 사이에 다툼이 없는 사실에 증거(각 항소인마다 말미에 기재) 및 변론 전 취지를 종합하면 아래와 같은 사실이 인정된다.

(2) 군대 위안부 관계 항소인들

① **항소인 김○○**는 1927년 3월 15일에 한국 포항군에서 태어났다. 1942년 봄 무렵 귀가하던 도중 부산역 근처 골목에서 일본인과 조선인 남성 2명에게 불려 세워져서 "쿠라시키(倉敷)의 군복공장에 돈을 벌러 가지 않겠는가?"라는 말을 들었고, 승낙을 하지 않았는데도 배에 강제로 태워져 라바울로 연행되었다. 현지의 교회 건물에 칸을 나누어 만든 위안소로 연행되어, 하루 평균 10명, 많을 때는 15명이 넘는 군인과의 성행위를 강요당했다. 군으로부터는 성병 예방과 피임을 이유로 키니네라는 알약이 매일 지급되어 복용했다. 종전 사실을 알지 못한 채 버려졌지만, 1946년 4월에 귀국선을 타고 귀국했다. 그 후 성병 재발, 키니네 다량 복용에 의한 후유증으로 고통받았다. (갑70)

② **항소인 이○○**은 1926년에 경상북도 영천군에서 태어났고, 그 후 가족과 함께 울산으로 이주했다. 1937년에 집 밖에서 놀고 있다가, 일본인과 조선인 남성에게 "아버지가 부른다"라는 말을 듣고 속아서 끌려간 하숙집에 감금된 후, 창화(彰化)〔주: 대만〕의 위안소로 끌려가 세탁과 잔심부름을 하다가, 2개월쯤 뒤에 도망쳐 경찰을 찾아갔고, 현지 경찰 후지모토(藤本) 부장의 집에 들어가 여종으로 살았다. 1942년 17세 때 귀국하는 후지모토 부장에게서

버려지고, 군인에게 연행되어 창화의 위안소로 끌려간 후, 타카오(高尾) 특공대의 위안소로 이송되어 군인과의 성행위를 강요당했다. 타카오 특공대의 위안소는 군용 시설로서 민간인은 출입하지 않았다. 위안소에 오는 병사는 도장이 찍힌 표를 가지고 왔지만, 위안부들은 돈을 받은 적이 없다. 일본이 패전한 후 군인들에게 버려져 대만에서 방랑 생활을 하던 중에 귀국하는 연락선 관계자에게 발견되어 귀국했다. (갑46의1, 2, 항소인 이○○)

③ **항소인 노○○**는 1920년 또는 1921년에 충청남도에서 태어났다. 17세 되던 봄에 10명 정도의 일본인 군인에게 손발이 잡혀 체포되었고, 트럭과 기차를 여러 번 갈아 탄 끝에 오오테산의 부대 위안소로 끌려갔다. 위안소에서는 성행위를 계속 강요당했는데, 하룻밤에 30~40명, 때로는 50명까지 군인을 상대해야 했다. 또 군인이 총검으로 왼쪽 발목을 찔러 중상을 입었는데, 그때의 상흔은 지금도 없어지지 않았다. 18세 때 한 차례 임신했지만 낙태 수술을 받았고, 1주일 후에 퇴원하자마자 다시 성행위를 강요당했으며, 19세 때는 임질에 걸려 많이 아팠지만, 치료를 받고 있는 동안에도 군인을 상대하도록 강요당했다. 오오테산 위안소에서의 생활이 3년이 될 때쯤 위안소에서 도망쳐 천진(天津)으로 갔지만, 거기에서 일본 군인에게 잡혀 길림(吉林)에 있는 부대의 위안소로 끌

려가게 되어 요시무라라는 이름의 대위의 전속 위안부가 되었다. 길림으로 끌려간 지 5년이 지난 후 전쟁이 끝나 귀국했다. 위안소에서는 금전을 받은 적은 없다. (갑47의2)

④ 항소인 카네다 키미코 박○○은 1921년 10월 22일에 토오쿄오에서 조선인 아버지와 일본인 어머니 사이에서 태어났고, 태어난 지 얼마 되지 않아 아버지의 고향인 경상북도로 옮겨 갔고, 그 후 다시 충청남도로 이주했다. 1938년 17세 때 "일본인이 소개하는 좋은 일자리가 있다"라는 말을 듣고 따라나섰다가, 일본인과 조선인에게 부강(芙江)에서 경성, 천진을 거쳐 끌려간 조강(棗强), 석가장(石家庄), 평원(不原), 창현(滄縣) 등 중국 각지의 위안소에서, 하루에 10명 내지 30명의 군인에게 성행위를 강요당했다. 위안소에서의 '몸도 마음도 괴로운 상태'에서 아편을 피우게 되어 중독되었고, 1945년 봄에 치료를 위해 귀국했다. 그 후 자궁 질병(자궁질 상부 절단술 또는 양측 난소 절제술을 받음)을 앓은 적이 있다. (갑49의1 내지 3, 7, 11, 항소인 카네다)

⑤ 항소인 심○○은 1924년 2월 24일에 황해도 연백군에서 태어났다. 심○○은 1940년 3월 중순(음력)에 경찰관에 의해 사소한 일을 이유로 경찰서로 연행되어 고문을 당했고, 후쿠오카(福岡)라고 들은 지역으로 끌려가 매일 수십 명의 군인에게 성행위를 강요당

했다. 약 2년 후 코오베(神戶), 오오사카(大阪)라고 들은 지역의 각 위안소로 이동했다. 위안소에서 매독에 걸려 아이를 낳을 수 없는 몸이 되었다. 또 위안소에서는 한 번도 금전이나 군표를 받은 적이 없다. 종전 후 공장에서 일하면서 여비를 마련하여 1947년 무렵 귀국했다. (갑50의1, 2)

⑥ 항소인 김○○은 1926년 2월 20일에 전라남도 강진군에서 태어났다. 1944년 여름에 일본인과 조선인이 와서 "일본의 공장에 일하러 가면, 1년 만에 혼수 마련도 가능하다"라는 말을 듣고서 거절했지만, 강제로 랑군의 위안소로 끌려가, 평일에는 10명에서 15명, 휴일에는 30명에서 40명의 군인에게 성행위를 강요당했다. 1945년 3월 무렵 공습을 피하기 위해 위안소를 옮기게 되었을 때 도망하여, 같은 해 9월 또는 10월 무렵 귀국했다. (갑51의1 내지 3, 항소인 김○○)

【참고】 원고 김○○, 문○○은 지방재판소 재판 도중에 타계하여 항소인에는 들어 있지 않다. 또 이○○은 관부 재판으로 이송되었다. 지방재판소 판결에서는, 원고들의 이름을 들며, "그 주장하는 무렵에 군대 위안부가 되어 군대 위안부로서 일하도록 강요당한 사실이 인정된다"라고 인정했을 뿐, 한 사람 한 사람의 상세한 사실은 기술하고 있지 않다.

> **2**
>
> # 관부 재판 야마구찌 지방재판소 시모노세키 지부 판결
> ## (1998년 4월 27일)

이유

제2 사실 문제

1. 종군위안부 제도의 실태 및 위안부 원고들의 피해 사실

1) 종군위안부 제도의 실태

　(1) 별지 1 및 2에 따르면, 〔생략. 이하에서는 외정심의실 발표의 2의 내용을 정리해 기술하고 있다〕 이상의 각 사실은 당사자 사이에 다툼이 없다.

　(2) 위 당사자 사이에 다툼이 없는 사실과 변론의 전 취지 및 증거(갑2, 이하 생략)에 의하면, 아래의 사실이 인정된다.
　　〔생략. 이하 ①~⑦에 걸쳐 외정심의실 발표의 2가 거의 그대로 인용되

어 있다.]

2) 위안부 원고들의 피해 사실

반증은 전혀 없지만, 고령 탓인지 위안부 원고들의 진술서나 본인 심문 결과에 의해서도, 원고들이 위안부가 된 경위나 위안소의 실태 등에 대해서는 명료하고 상세한 사실 확정이 거의 불가능한 증거 상태이기 때문에, 여기에서는 일단 증거(갑1, 갑3 내지 갑6, 원고 박○○, 원고 이○○)의 내용을 적시하여 기재한 다음, 말미에서 그 증거 가치를 음미하고, 확실하다고 생각되는 사실을 인정하기로 한다.

   (1) 원고 하○○의 진술

   ① 원고 하○○은 1918년 2월 2일 현재의 한국 전라남도 목포시에서 태어났다. 집은 가난하여 초가집 두 칸이었다. 원고는 19세였던 1937년 봄 무렵 현재의 한국 전라남도 광주시에서 포목점을 경영하고 있던 사장의 집에서 가정부로 일하고 있었는데, 물건을 사기 위해 외출했을 때, 양복을 입은 일본인과 한복을 입은 조선인 청년으로부터 "돈벌이가 되는 일이 있는데 따라오지 않을래?"라는 말을 들었다. 그녀는 당시로서는 혼기를 놓친 연령이었고, 돈을

많이 벌고 싶다고 생각하던 참이었으므로, 어떤 일을 하는지도 알지 못한 채 그들을 믿고 따라가기로 했다. 그녀는 조선의 항구에서 오오사카로 끌려갔고, 오오사카에서 1박을 한 후 다시 배에 태워져 상해로 끌려갔다.

② 그녀는 상해의 미국인 혹은 프랑스인 조계지 근처에 있는, '육군부대 위안소'라고 적힌 간판이 걸려 있는 연립공동주택으로 끌려갔다. 그녀에게 권유했던 일본인 남자가 위안소의 주인이었다. 위의 주택은 두 사람 정도가 겨우 누울 수 있을 정도 너비의 창도 없는 작은 방이 30실로 나뉘어 있었고, 그녀는 그중 한 방을 할당받았다. 그녀는 그 방에서 취사·세탁 일을 시키는가 보다라고 생각했다. 그러나, 위 주택의 방을 할당받은 다음 날, 카키색의 육군 군복을 입은 일본인 남자가 방으로 들어와 그녀를 때리고 옷을 벗겼기 때문에, 그녀는 비명을 지르며 도망가려 했지만, 방의 문이 잠겨 있어 도망갈 수 없었다.

③ 그녀는 그다음 날부터 위의 방에서 생리 때를 제외하고 매일 아침 9시부터 새벽 2시 정도까지 군인과의 성교를 강요당했다. 위안소 주인의 아내가 군인에게서 돈을 받았지만, 그녀는 한 번도 돈을 받은 적이 없다. 그녀는 군인을 상대하고 싶지 않았기 때문에, 취사·세탁 등의 가사를 하던 쵸 씨라는 중국인 부부를 돕는다며 때

때로 몰래 빠져나가거나, 주인에게 취사·세탁 일만 하게 해달라고 애원했지만, 그때마다 심하게 두들겨 맞아 생채기가 아물 날이 없었다. 그녀는 어느 날 도저히 참을 수 없어서 위안소에서 도망쳤지만 [생략] 다시 끌려와 [생략], 주인에게 길이 약 50센티미터 되는 떡갈나무 곤봉으로 몸을 심하게 두들겨 맞았고, 마침내 머리를 맞아 많은 피를 흘렸다. 이때의 머리 상처가 원인이 되어, 그녀는 지금도 비가 내릴 때 두통에 시달리거나, 때때로 머릿속이 텅 비는 증상으로 고통받고 있다.

④ 종전 후 위안소 주인도 군인들도 그녀만을 위안소에 남겨둔 채 사라졌다. 홀로 남겨진 그녀는 건물을 무너뜨리거나 방화를 하는 중국인들로부터 위해를 당하지 않을까 하는 공포 속에서, 쵸 씨의 부인에게 몸을 의탁하여, 상해의 부두까지 이끌려갔다. 그녀는 부두에서 3일간 걸식이나 다름없는 생활을 하며 귀국선을 기다린 끝에, 마침내 귀국선을 타고 부산에 도착, 고향인 목포로 돌아갈 수 있었다. 고향의 아버지는 노여움과 슬픔 때문에 '화병'을 얻어 돌아가신 상태였고, [생략] 어머니에게는 상해에 가서 군인의 집에서 취사 등을 했다고 거짓말을 했다.

⑤ 그녀는 부산 정신대대책협의회에 피해 신고를 할 때까지 종군위안부였다는 사실을 줄곧 숨겼고, 이 사건 소송을 제기하면서 처음

으로 실명을 공표했다.

(2) 원고 박○○의 진술과 공술

① 원고 박○○은 음력 1924년 9월 2일에 현재의 한국 경상남도 삼랑진군에서 태어났다. 그녀는 7남매 중 첫째로 태어나 3명의 남동생과 3명의 여동생이 있었으며, 집안이 매우 가난했기 때문에 자신이 일해서 돈을 벌어 집에 가져오지 않으면 안 된다고 생각했다. 그녀가 17세 무렵 3명의 남자가 여성들을 모으기 위해 그녀의 가족이 살고 있던 마을에 왔다. 그녀의 집에도 50세 이상 정도로 생각되는 조선어와 일본어를 쓰는 남자가 방문하여, 그녀에게 "일본의 공장에 돈 되는 일이 있다"라고 말했다. 그녀는 일본의 공장에 가서 일해서 돈을 벌어 부모를 부양하면서 시집도 가고 싶다는 생각에서, 그 남자의 말을 믿고 일본의 공장에 일하러 가기로 결정했다. 그녀가 부모에게 "일본에서 돈 벌어서 가족에게 보내고 싶다"라고 말하자, 부모는 이를 의심하지도 않았고 반대도 하지 않았다. 그 후 그녀에게 권유했던 남자가 그녀와 10명 정도의 마을 처녀들을 함께 부산으로 이끌고 갔다. 그녀는 부산에서 커다란 배에 태워져 대만으로 끌려갔다.

② [요지. 뱃멀미 때문에] 입원한 후 위안소로 끌려갔다. 그녀를 꾄

남자가 위안소의 주인이었다. 주인은 그녀에게 "손님을 받아라"라고 이야기했고, 그녀는 '이건 이야기가 다르다'는 생각에 도망가야겠다고 마음먹었지만, 말도 길도 모르고 부탁할 사람도 아는 사람도 없어서 도망갈 수 없었다. 그녀는 남자를 접한 것이 그때가 처음이었고, 난폭한 폭행을 당했으며, 군인들로부터 강간당했다. 일본인 군인이 손님의 다수를 차지하고 있었기 때문에, 위안소에서 조선어를 쓰는 것은 폭력적으로 금지되었으며, 그녀를 부르는 이름도 '후지코'였다.

③ 그녀는 하루에 10명 전후의 남자를 상대로 성교를 강요당했다. 휴식은 한 달에 하루뿐이었고, 자유로운 외출도 불가능했다. 위안소에서의 식사는 변변치 않았고 먹고 싶은 것을 살 돈도 없어서, 너무 배가 고파 위안소 근처의 바나나 농장에서 바나나를 따 먹다가, 바나나 주인으로부터도, 위안소 주인으로부터도 호되게 맞은 적도 있다. 그녀는 대만에 있는 5년간 위안소 주인에게 돈을 받은 적이 없고, 고위 군인에게 받은 팁도 위안부로서의 몸단장을 위한 화장품을 살 수 있는 정도의 금액이었다.

[요지. 남동생에게서 "문방구가 갖고 싶다"라는 편지가 와도 돈이 없어 울고 있던 그녀를 다른 위안부들이 동정해, 모금한 돈으로 사서 보낸 적도 있다.]

그녀는 위안부로 오랫동안 성교를 강요받아 오른쪽 허벅지 아래가 띵띵 부어오르는 병에 걸렸고, 그 수술 흔적이 지금도 남아 있다.

④ 그녀는 패전 후 위안소 관리인이었던 조선인 남자에게 이끌려 배로 고향에 돌아갔다.

그녀는 부모에게, "대만에 있는 일본 공장에서 일했지만 급여도 못 받았다"라고 거짓말을 했다. 그 후 그녀는 결혼하고 아이도 낳았지만, 대만 위안소에서의 생활은 줄곧 숨겨왔다. 그녀는 이 사건 소송을 제기하면서 〔생략〕 실명을 처음으로 공표했다.

(3) 원고 이○○의 진술과 공술

① 원고 이○○은 음력 1918년 10월 20일에 조선 전라북도 이리군 모 현에서 태어났다. 그녀는 부모가 다른 지역으로 돈벌이하러 가 있었기 때문에 가사 일체를 도맡고 있었다. 그녀는 1937년 봄 만 17, 18세 무렵에 저녁밥 준비를 하기 위해 밭두렁에서 쑥을 캐고 있다가, 40세 정도의 조선인 남자에게서 "그런 거 하고 있는 것보다 나를 따라오면 신발도 주고 옷도 주겠다. 배부르게 먹을 수 있는 곳에 데려다주겠다"라는 말을 들었다. 그녀는 집이 가난하여 만족

스러운 신발도 없고 배고픔을 근근이 달래는 생활을 하고 있던 터라, 그 남자의 꾐에 넘어가 따라가기로 결정했다. 그녀가 "부모에게 인사를 드리고 가고 싶다"라고 간청했음에도 불구하고, 그 남자는 "시간이 없다. 서두르자"라며 그녀의 손을 잡아끌고 갔다. 그녀는 남자에 의해 손을 잡혀 끌려가게 된 데 놀라, 무섭고 부끄러워서 그대로 울면서 끌려갔다. 가는 내내 그녀는 그 남자 앞으로 걷기를 강요당했고, 약 1시간 후에 이리읍의 여관으로 끌려갔다. 그 여관의 방은 밖에서 자물쇠가 채워져 있었고, 그녀와 비슷한 연령의 처녀들이 14, 15명 있었고, 모두들 어디로 무엇 때문에 끌려가는지 몰라 울고 있었다. 다음 날 카키색 옷을 입고 각반을 차고 허리에 칼을 늘어뜨린 구 일본군 군인 3명이, 그녀들을 이리역에서 열차에 태워 3일 걸려 상해역까지 끌고 갔다. 상해역에 도착한 후, 〔요지. 위 군인 3명과 함께 다른 군인이 운전하는 트럭의 짐칸에 태워진 다음, 약 3시간 후 주둔지로 연행되었다.〕

② 그녀들은 육군 주둔지의 커다란 군용 텐트 근처에 산재한 작은 집에 한 사람씩 들여보내졌다. 그 작은 집은 짚으로 된 벽에 싸리나무로 얽어 만든 경사가 없는 지붕을 이었고, 다다미 2, 3장 넓이의 마루는 마른 잎을 깐 위에 돗자리를 깔고 그 위에 국방색 모포를 깔아 조악하게 만든 것이었다. 그 때문에 비가 내리면 빗물이 많

'위안소' 앞에서 차례를 기다리는 군인들
『무라세 모리야스 사진집: 나의 종군 중국전선(村瀨守保写真集—私の從軍中國戰線)』에서

이 샜다. 그녀는 군복과 같은 색의 상의와 몸뻬 바지를 지급받았고, 처음 이틀간 혈액 검사와 '606호'라는 주사를 맞았다. 그 '606호'라는 주사는 그 후에도 2주에 한 번꼴로 맞았다.

③ 육군 주둔지로 들어간 지 4일째, 별이 3개 달린 군복을 입은 미야자키라는 연배가 있는 장교가 작은 집에 들어와 그녀에게 집요하게 성교를 하려 했고, 이에 저항할 수 없게 된 그녀를 3일에 걸쳐 매

일 밤 범했다. 그 후 많은 군인이 작은 집 앞에 줄을 지어 잇달아 그녀를 강간했고, 1945년 〔생략〕 8월 해방 때까지 약 8년간, 매일 아침 9시부터 평일에는 8, 9명, 일요일에는 17, 18명의 군인이 작은 집 안에서 그녀를 강간했다.

④ 그녀는 1945년 6, 7월 무렵에 어떤 병사에게서 "자신과 약속하고서 왜 다른 남자와 잤느냐"라고 책망당하며 군홧발로 배를 차이고, 칼로 등을 베인 적도 있다. 그 당시의 상처는 지금도 그녀의 몸에 남아 있고, 지금도 통증이 있으며, 특히 비가 내리는 날에는 가슴이 쑤시고, 현기증 때문에 걷기조차 힘든 증상으로 고통받고 있다. 그녀는 위의 폭행으로 인해 상처 치료를 1주일간 받았을 뿐이며, 곧바로 다시 군인과의 성교를 강요당했다.

⑤ 1945년 〔생략〕 일본이 패전한 후 육군 주둔지에서 일본 군인들은 사라졌고, 남겨진 그녀는 "해방이다. 돌아가자"라고 외치면서 모인 조선인들과 함께 덮개가 없는 화차를 타고 몇 날 며칠이 걸려 마침내 집으로 돌아올 수 있었다. 그녀가 집에 돌아와 보니 〔생략〕 남동생이 숙모 집에 몸을 의탁하고 있었다. 양친은 그녀를 찾아 헤매다 절망하여 돌아가신 상태였다. 그녀는 남동생에게도, 그 후 두 차례 결혼하며 남편들에게도 자기의 피해 사실을 줄곧 숨겨왔다. 그녀는 두 번의 결혼 생활 동안 아이가 생기지 않았는

데, 부인과 진료를 받고서야 비로소 자신의 자궁이 변형을 일으켜 아이를 낳을 수 없는 몸이 된 것을 알게 되었다.

(4) 위안부 원고들의 진술과 공술의 신뢰성

① 위의 (1) 내지 (3)과 같이, 위안부 원고들이 위안부가 된 경위는 반드시 명확한 것은 아니고, 위안소 주인 등에 대해서도 인물을 특정하기에 자료가 충분치 않았다. 또 위안소의 소재지도 상해 부근, 대만이라는 것 이상은 밝혀지지 않았고, 위안소의 설치·관리 방법에 관해서도 핵심인 구 일본군의 관여 양상이 명료하지 않으며, 부대명조차 알 수 없다.

그러나, 위안부 원고들 모두 빈곤한 가정에서 태어나 교육도 충분히 받지 못한 데다가, 현재 원고들 모두 고령이라는 사실도 고려하면, 그 진술과 공술의 내용이 단편적이고 시야가 좁고 극히 신변에 관한 일에 한정되는 것도 어쩔 수 없다 할 것이고, 그 구체성이 부족하다는 이유로 원고들의 진술과 공술의 신뢰성이 손상되는 것은 아니다. 반대로, 위의 (1) 내지 (3)을 통해, 위안부 원고들은 자신이 위안부였던 굴욕적인 과거를 오랫동안 줄곧 숨겨왔고, 이 소송에 이르러서 비로소 이를 밝혔다는 사실과 그 엄중함에 비추어보면, 이 소송에서의 원고들의 진술과 공술은 오히려 원고들의 지울 수 없는 원체험에 속하는 것으로서 그 신뢰성은 높다고 평가되며, 앞서 말한 것처럼 반증이 전혀 없는 이 사건에서는, 이를 모두 채용할 수 있다고 할 것이다.

② 그렇다면, 위안부 원고들은 모두 위안부가 되는 것을 알지 못한 채 속아서 위안소로 끌려가 폭력적으로 범해져서 위안부가 되었다는 점, 위 위안소는 모두 구 일본군과 깊이 관련되어 있고 1945년 〔생략〕 8월 전쟁 종결 때까지 거의 연일 주로 구 일본 군인과의 성교를 강요당해 왔다는 점, 그리고 귀국 후 이 소송 제기에 이르기까지 근친자에게조차 위안부로서의 과거를 줄곧 숨겨왔다는 점, 이에 관련된 여러 사실관계에 대해서는 거의 틀림없는 사실로 인정된다.

【참고】 일부 승소 판결이 난 유일한 재판이다. 이 책 49, 137쪽 참조. 히로시마(広島) 고등재판소 판결(2001년 3월 29일)에서도, 위안소 제도의 실태에 대해서 "다툼이 없다"라고 하고, 항소인 3인에 대해서도 간결하게 사실을 정리해 인정하고 있다. 또 고등재판소 판결은 처음으로 PTSD를 인정한 판결로, "최근 쿠와야마 노리히코(桑山紀彦) 의사에 의해 심리적 외상후스트레스장해(PTSD)로 고통받고 있다는 진단이 내려졌다"고 하며 박○○ 씨, 이○○ 씨에 대해 인정했다.

3 필리핀인 재판

46명의 원고에 대해, 토오쿄오 지방재판소와 고등재판소는 사실인정을 하지 않았다. 모두가 납치·감금·성폭력 피해자들이고, 게릴라 소탕 작전에 의해 눈앞에서 양친과 형제자매들이 죽임을 당하고 자신들은 연행된 예도 많다.

4

재일한국인 재판 토오쿄오 지방재판소 판결
(1999년 10월 1일)

제3 다툼이 없는 사실 등 판단의 전제로서 인정되는 사실

1. 다툼이 없는 사실(자료에 기재되어 있는 것이 다툼이 없는 기재로서 인정되는 사실을 포함한다.)

〔요지, 이하 1)~5)에 걸쳐 외정심의실 발표의 "2. 이른바 종군위안부 문제의 실태에 대해"와 같은 내용을 기재하여, 사실인정을 하고 있다.〕

2. 원고에 관해 인정된 사실[갑30, 이하 생략. 증인 후지와라 아키라(藤原彰), 카와다 후미코(川田文子), 원고 본인]

1) 원고는 1922년 11월에 조선반도 충청남도에서 태어난 여성이다.

2) 원고는 1937년 16세 때 부모가 자신과 10살 이상 차이가 나는 남성과의 결혼을 결정하여, 아무것도 몰랐기 때문에, 첫날밤 자리가 싫어서 도망쳐 돌아왔지만, 본가로 돌아가면 시집으로 다시 되돌려보낼 것이 확실했기 때문에, 가까운 마을들을 전전하며 보모 등을 하며 생계를 꾸리고 있었다. 그러던 중 1938년 〔생략〕 무렵에 초로의 조선인 여성이 나타나 원고에게 원고 어머니의 지인이라면서 "나라를 위해 전쟁터로 가서 일하면 돈을 벌 수 있다", "결혼 따위는 하지 않더라도 혼자서 살아갈 수 있다"라는 등의 말을 하며 전장에서의 일을 하도록 꾀었다. 원고는 그 일의 내용이 성과 관계되고, 게다가 추업이라는 것 등에 대해서는 듣지 못했기 때문에, 꾐에 넘어가 전쟁터에서 일하겠다고 승낙했다.

3) 원고는 조선반도 북부의 신의주로 끌려갔고, 다시 거기에서부터는 마찬가지로 그 장소로 끌려온 다수의 여성들과 함께 조선인 남자에 의해 중국 대륙의 천진을 거쳐 설치 작업 중인 무창(武昌)의 일본군 육군 위안소로 끌려갔다. 원고는 그 위안소의 영업 허가 직전에 울면서 저항했지만, 군의관에 의해 성병 검사를 억지로 받게 되었고, 영업 허가 후에는 자신의 의사와 달리 종군위안부로서 일본 군인의

성행위 상대를 강요당했다. 원고가 싫어서 도망가면, 그때마다 위안소의 수부 담당자들에게 붙잡혀 다시 끌려와 때리고 차고 하는 제재가 가해졌기 때문에, 원고는 어쩔 수 없이 군인을 계속 상대하지 않을 수 없었다.

4) 군인이 위안소에 오는 시간대는, 병사들은 아침부터 저녁까지, 하사관은 저녁부터 오후 9시까지, 장교는 그 이후로 정해져 있었고, 원고 등은 매일같이 아침부터 밤까지 군인을 상대할 수밖에 없었다. 특히 일요일에는 찾아오는 군인의 수가 더 많았고, 또 통과하는 부대가 있을 때에는 특히 다수의 군인이 들르게 되어, 원고가 상대한 인원이 수십 명에 달할 때도 있었다.

5) 군인 중에는 사소한 일로 격분하여 원고에게 군도를 들이대거나, 때리고 차는 등의 폭행을 가하는 자도 있었다. 원고는 수부 담당자나 군인들에게 반복적으로 맞는 중에 오른쪽 귀가 들리지 않게 되었고, 또 군인에게 비수로 베인 칼자국이 옆구리에 남아 있다. 그리고 원고는 무창의 위안소에서는 '카네코'라고 불렸고, 왼팔에 '카네코'라는 문신이 새겨졌는데, 지금도 그 문신은 남아 있다.

위안소에서는 군인들의 피임기구 사용이 의무화되어 있었지만,

사용하지 않는 자도 있었기 때문에, 성병에 걸리거나 임신하는 위안부도 있었다.

6) 원고는 〔요지, 한 번 임신하여 사산〕 1941년 〔생략〕 무렵에도 임신하자 무창의 위안소에서 쫓겨나, 한구(漢口)의 해군 위안소로 끌려갔다. 거기에서 출산할 때까지 청소, 세탁 등의 잡일을 한 후 출산했지만, 자신이 키우는 것이 불가능했으므로, 양자로 보내어 그 아이의 양육을 맡기지 않을 수 없었다.

7) 원고는 그 후 한구의 다른 위안소로 옮겨졌고, 다시 악주(岳州), 웅산(應山), 장안(長安), 포기(蒲圻), 함녕(咸寧) 등의 위안소로 옮겨져, 1945년 〔생략〕 제2차 세계대전 종료 때까지 각각의 위안소에서 위안부로서 군인을 상대하는 추업을 할 수밖에 없었다.

【참고】 원고는 송○○. 고등재판소 판결(2000년 11월 30일)에서는, 위의 1, 2 모두 지방재판소 판결을 인용하여 인정. 또한 송 씨의 피해 인정 사실 8)로 전후 생활을 추가하고 있다.

5

네덜란드인 재판 토오쿄오 지방재판소 판결
(1998년 11월 30일)

제4 당 재판소의 판단

1. 이 사건의 쟁점

증거(생략) 및 변론 전 취지에 따르면, 전기(前記) 제3의 1의 2)의 (1)에서 기재한 것과 같은 원고들이 주장하는 원고들의 각 피해 사실이 인정된다.

【전기】 제3 당사자의 주장

1. 원고들의 주장

1) 원고들 피해 사실의 배경 사정

〔요지. 일본은 1942년 2월까지 네덜란드령 동인도(현재의 인도네시아와 동티모르) 전부를 점령했고, 포로 및 민간인 수용소를 만들어 그들에게 가혹한 노동을 하게 하고 또 잔학한 행위를 했다.〕

2) 원고들의 피해 사실과 피고의 헤이그 육전규칙 및 제네바 조약 위반

(1) 원고들의 피해 사실

원고들은 모두 일본군의 포로 또는 민간인 억류자로서 포로수용소 또는 민간인 억류자로 수용된 기간 동안, 아래에서 기술하는 피고의 전쟁범죄 행위의 희생이 된 자이다. 원고들의 피해 사실은 각각 아래와 같다.

⑧ 원고 ○○ ○○ ○○○ 플루흐

㉮ 원고 ○○ ○○ ○○○ 플루흐는 1923년 1월 14일에 출생했고, 1942년 3월 당시 고교를 막 졸업한 상태였다.

그 무렵 수용이 시작되었고, 플루흐는 어머니와 자매들과 함께 자동차 전시장에 갇힌 후, 스마랑에 있는 할마헤라 수용소,

그 후 끄라맛(Kramat) 수용소에 각각 수용되었다. 플루흐는 위 수용소들에서 찌는 듯한 더위 속에 점호와 절을 여러 시간 동안이나 강제당했고, 군화로 차이는 등의 폭행도 당했다. 또 식료품과 의료품은 부족했다.

플루흐는 맥지러브리라는 담배회사에서 일하게 될 것이라고 들었지만, 스마랑의 클럽에서 위안부로 강제 매춘을 강요당했다. 그 때문에 플루흐는 성병에 걸리고 말았고, 네덜란드 본국으로 귀국한 후 그 치유에 1년의 기간이 걸렸다.

플루흐는 1945년 8월 15일에 바타비아의 끄라맛 수용소에서 해방되었다. 하지만, 플루흐의 가족은 인도네시아의 집과 상점 등 모든 재산을 잃었고, 플루흐의 아버지도 살해당하고 말았다.

플루흐가 수용된 스마랑(할마헤라) 억류소는 모로타이 임시 군법회의 법정에서 전쟁 범죄로 단죄되었기 때문에, 플루흐가 전쟁범죄 행위의 희생자임은 명백하다.

⑭ 플루흐에 대한 이 사건 가해행위 가운데 비인도적인 취급, 강제노동에 종사하도록 강요한 것, 학대를 한 것, 특히 스마랑에서 위안부로 사역한 것은 헤이그 육전규칙 제46조 제1항에 위반된다.

【참고】 토오쿄오 고등재판소 판결(2001년 10월 11일)에 대해서는, 37쪽 【표】의 주 1) 참조.

중국인 제1차 재판 　토오쿄오 고등재판소 판결
(2004년 12월 15일)

제3 당 재판소의 판단

1. 이 사건 각 행위 및 그 배경 사정 등에 대해

증거[갑3 내지 11, (생략) 당심에서의 증인 콘도오(近藤), 이시다(石田), 원심에서의 항소인 李○○ 본인, 항소인 周○○ 본인, 원심 및 당심에서의 항소인 劉○○ 본인] 및 변론의 전 취지에 따르면, 아래의 사실이 인정된다. (일부 공지의 사실을 포함한다.)

1)

일본군은 1931년 이른바 만주사변(滿洲事變)을 시작으로 당시의 중화민국 본토에 대한 군사적 개입을 개시했고, 1937년 7월 7일의 이른바 노구교(盧溝橋) 사건을 계기로 중화민국 정부와 교전 상태에 돌입했다. 일본군 북지나(北支那) 방면군은 같은 해 10월 초 산서성에 침입했고, 같은 해 11월 8일 성의 수도인 태원(太原)을 점령한 후 패전 때까지 8년 가까이 그 지역을 점령했다. 또 일본군이 점령한 지역에는 일본 군인의 강간 사건을 방지한다는 등의 목적으로 '종군위안소'가 설치되어, 일본군의 관리 아래 여성을 두고 일본군 장병과 군속에게 성적 봉사를 하게 했다. 팔로군이 1940년 8월에 행한 대규모 반격 작전에 의해 일본군 북지나 방면군은 큰 손실을 입었지만, 이에 대해 북지나 방면군은 같은 해부터 1942년에 걸쳐 철저한 소탕, 파괴, 봉쇄 작전을 실시했고[이른바 삼광(三光)작전], 일본군 구성원에 의한 중국인에 대한 잔학 행위도 일어났다. 이런 가운데 일본군 구성원에 의해 주둔지 가까이에 사는 중국인 여성(소녀도 포함한다)을 강제적으로 납치·연행하여 강간하고, 감금 상태로 두고 연일 강간을 반복하는 행위, 이른바 위안부 상태로 만든 사건이 있었다.

2) 항소인 李○○의 피해 사실 등

항소인 李○○은 1927년 봄에 산서성 우현(盂縣) 8구 이장촌(李庄村)[현재의 산서성 우현 서파향(西播鄕) 이장촌]의 농가에서 삼 남매 중 막내로 태어났고, 1942년 당시 부모 및 오빠와 함께 4명이 살고 있었다. 그리고 李 ○○은 당시의 중국 풍습에 따라 유소년기에 전족을 했기 때문에 보행이 곤란했고 뛰는 것은 전혀 불가능했다. 또 당시 이 지방의 여성들에게 일반적인 것이었는데, 취학 기회도 전혀 없었기 때문에 글자를 읽고 쓸 수 없었다. (이 점은 劉○○, 周○○, 陳○○의 경우도 마찬가지이다.)

李○○은 1942년 음력 8월 무렵[양력은 생략] 일본 군인들에 의해 자택에서 일본군 주둔지가 있는 진규촌(進圭村)으로 납치·연행되어, 주둔지 내 야오돈(바위산의 굴을 이용한 주거. 의미가 바뀌어 굴을 판 것이 아니라, 기와나 돌을 쌓아 올려 만든 건물도 가리킨다)에 감금되었다. 그날 주둔지 내 포대 안의 방으로 끌려가 일본 군인에게 강간당한 것을 시작으로, 아래에 적시하는 것처럼 5개월 정도 후에 자택으로 옮겨질 때까지, 위의 야오돈 혹은 포대 안의 방에서 거의 매일같이 복수의 일본 군인들에게 반복적으로 강간당했다. 당시 李○○은 15세로 미혼이었고, 성 경험도 없었고 성행위에 관한 지식도 없었다.

李○○은 감금된 지 5개월 정도 지났을 무렵, 강간하러 오는 자 중에서 유달리 잔혹하다고 느끼고 있던 자가 강간하려 하여 저항하다가, 그자로부터 벨트로 얼굴을 두들겨 맞고, 왼쪽 대퇴부를 군화로 차이고, 곤봉으로 머리를 맞는 등의 폭행을 당해 큰 부상을 입었다. 李○○은 망보던 자에 의해 진규촌의 민가로 옮겨졌고, 이를 전해 들은 오빠에 의해 며칠 후 자택으로 옮겨졌다.

그 후 李○○은 20세 무렵 결혼하여 남편과의 사이에 4명의 자녀가 출생했고, 현재는 남편과 둘이서 서연진(西煙鎭)에서 거주하고 있고, [요지. 자녀들의 원조 생활] 그리고 위에서 기술한 납치·감금·강간·폭행 등 때문에 李○○의 두부에는 함몰된 상흔이 있고, 머리가 아프거나 긴장하면 기분이 나빠지고, 왼쪽 손목은 오른쪽 손목보다 가늘어 자유롭게 움직이지 않고, 왼쪽 대퇴부 부상으로 인해 왼쪽 둔부가 오른쪽 둔부보다 작고, 발의 길이도 왼발 쪽이 짧고, 오른쪽 눈은 위에서 기술한 벨트로 인한 안면 구타 이후 시력이 약해지고, 젊은 시절에는 어느 정도 보이던 왼쪽 눈도 지금은 거의 보이지 않게 되는 등의 후유증이 남아 있다.

3) 항소인 劉○○의 피해 사실 등

항소인 劉○○은 1927년 봄에 중국 산서성 우현 서파향 양천촌(羊泉村)에서 [생략] 태어나, [생략] 1943년 음력 3월 무렵 [생략] 3명의 중국인과 3명의 무장한 일본 군인들에 의해 억지로 자택에서 끌려 나와, 개머리판으로 오른쪽 어깨를 강타당하고 뒤로 양손이 묶이는 등 저항을 할 수 없는 상태가 된 다음, 진규촌에 있는 일본군 주둔지로 납치·연행되어 야오돈 안에 감금되었다. 그리고 그날 [생략] 다수의 일본 군인들에 의해 강간당했다. [생략] 이러한 감금과 강간이 약 40일 동안 계속되었다. [생략] 아버지가 "딸의 몸이 나으면 다시 데려올 테니, 일단 돌아가게 해 달라"라고 간원하여 [생략] 겨우 풀려났다.

그 후 劉○○은 결혼했지만, 마을 사람들이 위에서 기술한 劉○○의 피해 사실을 알고 있었기 때문에, 그 상대방은 크게 나이 차이가 나는 재혼 남성이었다. [요지. 자식은 5명이며, 왼쪽 어깨의 부상은 지금도 다 낫지 않았고, 오른쪽 팔로는 물건을 들지도 못하는 등의 후유증으로 고통받고 있다.]

4) 항소인 周○○의 피해 사실 등

항소인 周○○은 1925년에 태어났고, 15세 때 결혼하여 산서성 우현 서파향 이장촌에서 남편 및 그의 가족과 함께 살고 있었다. 周○○은 18세 때 공산당에 입당하여 촌의 부련(婦連)(공산당과 관련된 지역 기반 부인 조직)의 주임으로 활동하고 있었다.

1944년 3월 周○○을 포함한 공산당 조직 내 12명이 회합을 열고 있는 곳으로 일본군이 습격했고, 周○○은 개머리판으로 왼쪽 팔을 구타당하고 뒤로 손을 결박당하여 진규촌으로 연행되었고, 외딴집에 감금되었다. 그날 밤 周○○은 수 명의 일본 군인에게 연거푸 강간당했다. 다음 날 이후에도 周○○은 적어도 6일간에 걸쳐 위의 방에 감금당

한 상태에서 일본 군인들에게 연일 밤낮으로 강간당했다. 어느 날 周
○○은 진규촌에서 다른 장소로 연행되어 가던 도중에 팔로군에 의해
구출되어 집으로 돌아갈 수 있었다.

  周○○은 위의 폭행·강간 등 때문에 몸이 생각대로 움직이지 않게
되었고, 남편과의 사이에서 부부생활을 할 수 없게 되었고, 아이를 낳
는 것도 불가능하게 되었다. 〔요지. 남편은 병으로 농사일을 할 수 없어
자살함.〕 그 후 周○○은 생활을 위해 자녀가 있는 남성과 결혼했지만,
〔요지. 그 남편도 사망하여, 남편의 자녀의 보살핌으로 생활한다.〕 그리
고 周○○은 지금도 위에서 기술한 폭행·강간에 의한 공포를 거듭 떠
올리게 되는 등 정신적으로 괴로운 나날을 보내고 있다.

5) 항소인 陳○○의 피해 사실 등

항소인 陳○○은 1923년에 산서성 위현 서파향 후장촌(侯庄村)에서 태
어났고, 15세 때 〔생략〕 결혼하여 양천촌에서 〔생략〕 살고 있었는데, 후
일 남편은 팔로군에 투신하여 임무 때문에 집을 비우게 되었다. 1943년
음력 7월 무렵 陳○○은 일본 군인에 의해 강제적으로 진규촌의 일본군
주둔지로 납치·연행되어, 일본 군인 등으로부터 "남편이 있는 곳을 대
라"라는 등의 심문을 당하고, 여러 차례 두들겨 맞은 뒤 야오돈 안에 감
금당했고, 〔생략〕 약 20일에 걸쳐 감금당한 상태에서 밤낮없이 여러 명

의 일본 군인들에게 강간당했다. 陳○○은 위의 폭행·강간 등에 의한 상해 등 때문에, 사람이 불러도 반응을 하지 못하는 상태가 되어버렸는데, 이를 전해 들은 가족들이 물건을 팔거나 빌리는 등의 방법으로 돈을 마련하여 일본군에게 주고 陳○○을 데려왔다. 〔이하 요지. 그 후 본가에서 생활. 남편도 퇴역했고, 자녀는 6명. 당시 부러진 뼈가 오른쪽 대퇴부에 돌출하여 걸을 때 지팡이가 필요. 악몽에 시달린다.〕

　(또 위의 2) 내지 5)의 사실인정에 대해 부언하면, 〔요지. 항소인들은 별지를 통해 사실관계에 관한 구체적이고 상세한 주장을 하고 있는데〕 사건으로부터의 시간적 경과나 항소인들 모두 당시의 체험을 그 사건 직후에 기록한 것도 아니라는 점 등에 비추어보면, 이 사건에서의 사실로는 위에서 기재한 한도에서 인정하는 것이 상당하다.)

【참고】 토오쿄오 지방재판소 판결(2001년 5월 30일)에서는 배경·원고의 피해에 대해 사실인정을 하지 않았다.

7

중국인 제2차 재판 　 토오쿄오 지방재판소 판결
(2002년 3월 29일)

제5 당 재판소의 판단

1. 이 사건의 사실 경과(일부 공지의 사실을 포함하며, 괄호 안에 든 각 증거에 의해 인정할 수 있다.)

1) 중일전쟁과 중국 산서성에서의 구 일본군의 행동

〔요지. 만주사변, 노구교 사건, 제2차 국공합작, 남경 점령, 화북으로의 전선 확대, 중국의 항전 계속에 대해 설명〕(공지의 사실).

구 일본군 북지나 방면군은, 〔요지. 제1차 재판 판결과 마찬가지로 일본군의 산서성 침입, 성도 태원 점령, 태원 동북동의 우현 침입〕 1938년 1월에 우현 현성(縣城)을 점령했다. 그 후 구 일본군은 우현 전역에 거점을 설치하고 병력을 분산 배치하는 동시에, 구 일본군에 협력적인 주민들로 하여금 유지회(維持會)라 불리는 통치기구를 조직하게 하는 등, 점령 지역의 지배에 임했다(갑30, 34).

1940년 8월 중국 공산당 휘하 팔로군이 산서성을 포함한 화북지방 전역에서 '백단대전(百團大戰)'이라고 불리는 대규모 반격 작전에 나섰기 때문에, 구 일본군은 적지 않은 손해를 입고 많은 거점을 상실했다. 북지나 방면군은 즉시 대규모 반격에 나섰는데, 우현에서는 군사 작전 진행에 수반하여 산서성 북부 산지의 항일 세력에 대한 전초기지로서 1941년 9월 우현 북부의 진규촌에 구 일본군의 거점이 설치되었고, 그 후 7곳에 북지나 방면군 제1군 독립 혼성 제4여단 독립 보병 제14대대 제1중대 본부가 설치되었다(갑30, 34).

2) 원고 郭○○의 피해 사실(갑17, 이하 생략, 원고 郭○○ 본인)

① 원고 郭○○은 1927년에 산서성 우현 서파향 동로촌(銅爐村)에서 출생하여, 서파향 고장촌(高庄村)에서 자랐다. 〔생략〕 郭○○은 1941년 무렵부터 송장촌(宋庄村)의 언니 부부와 동거하며 가사를 돕고 있었다.

② 1942년 음력 7월 어느 날, 일본 병사와 청향대(清郷隊: 지역 주민에 의해 조직된, 구 일본군에게 협력한 무장조직)가 송장촌으로 들어왔다. 郭○○의 형부가 팔로군에 협력하고 있었던 사실이 구 일본군에게

밀고되어 〔생략〕 무장한 일본 군인과 청향대원이 언니의 집을 습격, 郭○○과 언니 부부 및 그들의 세 자녀를 체포하여 송장촌에서 진규촌의 구 일본군 거점으로 연행했다. 그 당시 15세였던 郭○○에게는 부모가 결정한 혼처가 있었지만, 아직 혼인을 하지는 않아 성 경험이 없었고 초경도 시작하지 않은 상태였다.

진규촌에 도착한 후 형부는 〔생략〕 고문을 당했다. 그 후 郭○○, 언니 및 언니의 세 자녀는 〔생략〕 건물의 방에 감금되었다. 형부는 〔생략〕 나중에 일본 군인과 청향대에 의해 살해당했다.

③ 郭○○은 그날 밤 청향대원에 의해 〔생략〕 구 일본군 대장이 있는 건물로 끌려갔다. 대장은 郭○○의 옷을 벗긴 다음 郭○○을 두 번 강간했다. 그 때문에 郭○○은 음부에서 피를 흘렸고, 그날 밤은 고통과 공포심에 잠을 이룰 수 없었다.

〔요지. 해가 밝으면 원래의 건물로 돌려보냈다.〕 언니와 그 세 자녀는 〔생략〕 다음 날 풀려났지만, 郭○○은 계속 감금되어 낮에는 복수의 일본 군인 또는 청향대원에게 윤간당했고, 그때 일본 군인에게 음부를 절단당하기도 했으며, 밤부터 새벽까지는 대장이나 청향대 간부들에게 강간당했다. 郭○○은 거듭된 강간과 감금으로 매우 쇠약해졌고, 〔생략〕 어떠한 치료도 받지 못했기 때문에 절단당한 부위가 곪아 열이 나거나 부종이 온몸으로 퍼지기도 했다.

④ 연행된 지 약 보름 후, 郭○○은 움직일 수도 없을 정도로 쇠약해졌고, 가족이 청향대에 은전 50원을 지불하고 〔생략〕 풀려났다. 〔생략〕 집에 돌아온 후에도 쇠약해진 몸 때문에 누웠다 일어났다 하는 상태가 계속되었다. 1주일도 지나지 않아, 〔생략〕 대장이 郭○○의 소재를 확인하기 위해 언니의 집으로 왔다. 그다음 날, 진규촌의 농민이 〔생략〕 데려가려고 왔는데, 郭○○은 자신이 도망치면 일본 군인에게 감금당해 있는 형부가 살해될지도 모른다고 생각하여, 〔생략〕 다시 진규촌으로 갔다. 〔생략〕 같은 장소에 다시 감금되어, 대장 등 일본 군인에게 강간당했다. 그 후 郭○○은 건강 상태가 악화되어 풀려나 송장촌으로 돌아왔다.

그 후 郭○○은 세 번째로 진규촌에 연행되어, 〔생략〕 감금, 강간, 윤간의 피해를 입었다.

⑤ 郭○○은 같은 해 9월 중순 무렵에 풀려나 송장촌으로 돌아갔지만, 郭○○의 아버지는 〔생략〕 동로촌에 사는 외가의 조모에 의해 몸을 숨겼고, 郭○○의 어머니가 〔생략〕 간병했다. 郭○○은 풀려난 지 5년 후에 약혼·결혼하여 5명의 자녀를 낳았지만, 현재 전시의 감금·강간 등에 기인한다고 생각되는 중증의 심적 외상후스트레스장해(PTSD) 증세가 인정된다.

3) 원고 侯○○의 피해 사실(갑17, 18, 侯○○ 본인 및 변론 전 취지)

① 侯○○은 1929년 산서성 우현 서파향 협장촌(峽掌村)에서 태어나 자랐다. 1942년 음력 3월 어느 날 아침, 다수의 일본 군인이 협장촌에 침입했고, 일본 군인과 청향대에 의해 협장촌 주민이 한곳에 모이게 되었다. 侯○○의 아버지는 당시 협장촌의 촌장을 맡고 있었는데, 팔로군에 협력하고 있다는 이유로 〔생략〕 큰 몽둥이로 두들겨 맞는 등의 고문을 당했다. 그 후 侯○○과 그 아버지는 마을의 5명의 여성과 함께 체포되어 진규촌으로 연행당했다. 侯○○은 그날 저녁 무렵 진규촌에 도착하여 다른 여성 5명과 함께 한방에 감금되었고, 侯○○의 아버지는 다른 건물에 감금되었다. 侯○○은 그 당시 13세로 성 경험이 없었고 초경도 시작하지 않은 상태였다.

② 그날 밤 아버지의 지인인 중국인이 싫다고 하는 侯○○을 몽둥이로 때리고, 감금 장소에서 어느 야오돈(석조 건물)으로 억지로 끌고 갔다. 侯○○은 도망가려 했지만, 복수의 일본 군인에게 붙잡혀 두들겨 맞고 차이는 폭행을 당했다. 侯○○은 극심한 고통과 공포심 때문에 큰 소리로 비명을 질렀지만, 일본 군인 여러 명이 侯○○을 누르며 그녀의 입에 천을 집어넣어 소리를 낼 수 없게 한 다음, 한 사람이 侯○○을 들고서 구석진 방으로 끌고 갔다.

그리고 옷을 다 벗은 일본 군인이 가까이 와서 侯○○의 옷을 억지로 벗기고 侯○○을 이불 위로 떠밀어 쓰러뜨리고 강간했다. 그 직후 곧바로 두 번째 일본 군인이 들어와 侯○○을 강간했다. 侯○○은 하반신에서 심하게 피를 흘렸다. 연행된 6명의 여성 가운데 4명은 며칠 후에 풀려났지만, 侯○○은 그 후에도 감금되어, 밤이 되면 감금 장소에서 야오둔까지 끌려가 일본 군인에게 강간당했다. 侯○○은 이윽고 혈뇨가 나오게 되었고, 10일 후에는 몸이 부어 걷기도 곤란해졌다. 그러자 일본 군인들은 侯○○ 등이 감금당해 있는 방으로 와서 侯○○을 강간했다.

③ 侯○○의 어머니가 이곳저곳에서 돈을 융통하여 은전 700원을 구 일본군에게 지불하고서야, 侯○○과 그녀의 아버지는 연행된 지 약 40일이 지나서 풀려났다. 집에 돌아왔을 때, 侯○○은 극도로 쇠약해져 있었고, 그 후에도 오랫동안 누워 있는 상태가 계속되었다. 侯○○은 17세 때 고장촌에 사는 남성과 결혼하여 4명의 자녀를 낳았고, 그 후 재혼하여 1명의 아이를 더 낳았다. 侯○○은 1999년 5월 11일 사망했다. 〔요지. 5명의 자녀가 재판을 승계〕

侯○○에게는 생전에 전시의 감금·강간 등에 기인한다고 생각되는 중증의 심적 외상후스트레스장해(PTSD)의 증상이 있다고 인정되었다.

【참고】 토오쿄오 고등재판소 판결(2005년 3월 18일)에서는 지방재판소 판결을 인용하여 사실인정을 하고 있다. 또 사실인정은 고등재판소 판결에서 확정되지만, 최고재판소 판결도 "원심에서 적법하게 확정된 사실관계의 개요는 아래와 같다"라고 판시하고, 배경 사정과 피해 사실을 요약 기재하여 확정하고 있다.

8

산서성 재판 토오쿄오 지방재판소 판결
(2003년 4월 24일)

제3 전제가 되는 사실

1. 본 소 청구에 대한 판단의 전제가 되는 사실은 아래의 2 내지 4와 같고, 당사자 사이에 다툼이 없는 사실이거나, 공지의 사실 또는 변론의 전 취지에 의해 인정될 수 있는 사실이다.

2. 구 일본군에 의한 중국 대륙 침공

〔생략. 중국인 2차 판결의 "이 사건의 사실 경과" 1)의 전반(공지의 사실)과 거의 같음.〕

3. 산서성에서의 구 일본군과 항일 세력의 충돌

[요지. 1938년 우현 현성 점령, 중일전쟁 전면화 후 우현에서는 항일 민주 정부를 설립, 팔로군이 마을 단위로 항일 당 지부, 당 소조를 조직하고 있었다. 특히 현 서부[서연, 동곽추(東郭湫), 남사(南社) 등]에서는 항일 활동이 활발했음. 1940년 팔로군의 백단대전에서 일본군은 큰 피해를 입었고 우현에서 다수의 거점을 잃었지만, 반격하여 약 1년 후 거점을 회복. 그 후로도 팔로군에 의한 유격전, 정치공작이 다시 활발해졌고, 전선의 교착이 패전까지 계속되었다고 피해의 배경을 상술]

4. 피해자 원고들의 당시의 거주 관계

[요지. 원고 각자가 위의 현 서부 각 마을에 거주 또는 본가에 있었음을 기재]

제5 당 재판소의 판단

1. 이 사건 가해행위 내지 이 사건 피해에 대해

1) 폭력적 피해의 유무 및 그 양태

원고들은, 피해자 원고들에 대한 일본 군인의 가해행위 내지 그것에 의한 피해에 대해 그 폭력적 피해의 유무 및 그 양태의 요지를 별지 「피해상황 일람」의 I[87쪽 참조]과 같이 주장하는데, 증거(갑76 내지 85), 원고 万〇〇[이하 원고·증인 9명은 생략] 및 변론의 전 취지를 종합하면, 피해자 원고들이 중일전쟁 당시 일본 군인에 의해 당한 강간 등에 의한 피해 사실은, 그것이 원고들이 주장하는 이 사건 가해행위 내지 이 사건 피해 사이에, 사실의 세부에까지 미치고 또 사실의 평가를 포함하여 완전히 부합한다고는 할 수 없지만, 그 개요는 명백하게 인정할 수 있는 것이며, 이상의 취지에 따른 이 사건 가해행위 내지 이 사건 피해의 인정을 뒤집을 만한 증거는 없다.

2) 정신적 피해의 유무 및 그 양태

원고들은, 피해자 원고들의 폭력적 피해 외에 정신적 피해에 대해서도 그 유무 및 그 양태를 별지 「피해 상황 일람」의 II[97쪽 참조]와 같이 주장하는데, 위와 같이 인정된 이 사건 가해행위 내지 이 사건 피해의 사실에 비추어보면, 피해자 원고들에게 가해진 일본 군인에 의한 강간 등의 행위는, 그것이 중일전쟁이라는 전시에 이루어진 것이라 하더라도, 현저히 상궤를 벗어난 비열한 만행이라고 하지 않을 수 없고, 피해자 원고들이 입은 정신적 피해가 한없이 심대하고, 원고들의 주장처럼 견딜 수 없는 것이었다고 추인(推認)하기에 어려움이 없고, 또 그러한 피해를 계기로 그 동포들로부터도 까닭 없는 모멸, 차별 등을 당한 것도, 국적·민족의 차이를 넘어, 우리 재판소로서도 충분히 인정할 수 있고, 그 정도는 어떻든 지금까지 심적 외상 후 스트레스 내지 정신적으로 가혹한 상태에 빠져 있고, 또 그러한 상태로부터 전혀 벗어날 수 없다는 것도 쉽게 추인할 수 있다.

■ 별지 「피해 상황 일람」에서

I. 폭력적 피해의 유무 및 그 양태

万○○

万○○은 15세 때인 1943년 6월부터 같은 해 12월에 걸쳐 당시 거주하고 있던 산서성 우현 양천촌에서 3회에 걸쳐 일본 군인에게 납치되고 같은 현 진규두촌(進圭杜村)의 야오돈에 감금당하여, 공산당원이었다는 이유로 폭행·상해 등의 고문을 당하는 동시에, 강간이라는 성폭력 피해까지 입었다. 첫 번째는 같은 해 6월 무렵 자택에서 병든 시아버지를 간호하다가 도망치지 못하여 일본 군인에게 체포되었고, 체포 당시 일본 군인에게 군도로 살해당하기 직전에 마을 노인이 살려주라고 애원하여 목숨은 구했지만, 진규두촌에 있던 구 일본군 거점으로 끌려가 일본군에게 극심한 고문과 성폭력을 당했다. 일본 군인은 연일 강간하고 고문했는데, 먼저 고문하면 万○○의 신체가 엉망이 되어 간음할 수 없게 되기 때문에, 우선 차례로 강간을 한 다음에 고문했다. 그 고문으로 万○○은 뼈가 부러지고 상처 또는 하복부에서 출혈이 멈추지 않는 상태였지만, 계속 강간당하고 고문당했다. 식사는 가끔 소량의 잔반이 주어졌을 뿐이다. 수일 후 틈을 보아 자력으로 도망쳤다.

두 번째는 같은 해 8월 무렵 자택 인근 못에서 빨래를 하고 있던 중 일본 군인에게 체포되어 감금되었다. 이전에 도망쳤던 일 때문에 일본 군인의 노여움을 샀던 탓도 있어서 일본 군인에게 더욱 심한 고문과 윤간을 당했다. 실신하면 물이 끼얹어진 채 방치되었고, 의식을 차리면 다시금 고문이 가해지는 상황이었는데, 약 1주일 후 다시금 틈을 보아 도주하여 신장촌(辛莊村)의 간(干)(중국 특유의 상호부조적 의제 혈연관계) 어머니가 숨겨주어 고초에서 벗어났다.

세 번째는 같은 해 12월 무렵 양천촌의 자택으로 돌아가 있을 때 일본 군인에게 체포되었는데, 이후 약 20여 일에 걸쳐 일본 군인에게 폭행과 윤간을 당했다. 공산당원의 이름을 불라고 강요당하면서 총대나 봉으로 마구 두들겨 맞은 다음, 딱딱한 군화로 몸을 밟히기도 하여, 등, 가슴, 허리, 다리가 탈구되고 골절되기도 했다. 또 심하게 뺨을 맞으면서 강간당해 귀걸이를 하고 있던 귓불이 찢어지기도 했다. 못이 튀어나와 있는 봉에 머리를 맞아 머리에 큰 부상을 입기도 했는데, 그러한 피해를 입은 후에 다시 양손을 결박당한 채 한겨울에 집 밖의 나무에 묶여 마구 구타당하고 체모를 뜯기기도 했으며, 대량의 물을 억지로 먹이고서 위에서 봉으로 눌러 토하게 하기도 했다. 그리고 그러한 극심한 고문의 결과, 물을 끼얹어도 의식을 회복할 수 없는 지경이 되자, 알몸인 채로 한겨울의 개천에 내던져졌는데, 중국인 노인에게 구조되어 기적적으로 목숨을 구했다.

万○○은 그렇게 구출된 후 장기간 의식을 회복하지 못했고, 의식이 돌아온 후에도 몸을 전혀 움직일 수 없는 상태가 되어 1년 이상 일어날 수도 없었다. 등, 가슴, 허리, 다리 등 몸 전체가 골절되었고, 특히 골반이 엉망으로 파괴된 결과 몸이 변형되어 버렸고, 엉덩이가 없어져 허리에서 곧바로 다리로 이어지는 체형이 되었다. 키 165센티미터의 장신이었던 万○○의 신체는 147센티미터 정도로 줄어버렸고, 골반이 파괴되었기 때문에 월경도 없어졌다. 귓불에도 상처를 입었고, 못이 튀어나온 몽둥이로 두들겨 맞은 머리는 지금도 아프고, 그 상처에는 그 후 머리카락이 자라지 않게 되었다. 万○○의 남편은 가슴앓이로 인해 얼마 지나지 않아 병사했다.

사람의 손을 빌리지 않으면 화장실에도 가지 못했고, 혼자서 앉을 수 있게 될 때까지 장기간이 필요했다. 남편을 잃은 万○○은 어떻게든 생계를 꾸려가지 않으면 안 되었지만, 양녀의 손에 이끌려 겨우 걸을 수 있는 상태였기 때문에, 밭일 등도 하지 못하고 마을에서 삯바느질 등을 호구지책으로 삼는 상태여서, 의사에게 진료를 받을 여유 따위는 전혀 없었다. 또한 성폭력 피해자라는 사실이 알려져 있는 양천촌에 머물 수 없었고, 같은 이유로 다시 가정을 꾸릴 수도 없었다. 万○○은 1992년이 되어서 일본 군인에 의한 성폭력 피해자라는 사실을 밝혔지만, 그때까지 그 피해 사실을 누구에게도 말할 수 없었다.

하지만 그 후에도 피해 사실을 사람들 앞에서 말할 때는 몸 상태가 나빠져 쓰러진 적이 몇 번이나 있었다. 피해를 당하는 꿈을 꾸고서 기분이 나빠지거나 공포를 느끼는 일도 자주 있다. 나아가 피해를 당한 후 여러 가지 질병, 컨디션 저하 등으로 인해 1993년 2월에는 ……
[요지. 복수가 차 수술을 받았고, 그 후 3회 입원 치료를 받았으며, 최근 막 퇴원했지만 컨디션이 점점 악화되고 있다].

南○○

南○○은 1942년 봄 무렵 이미 우현 산하촌(山河村)의 남성과 결혼했지만 부부 사이가 나빠져, 하동촌(河東村) 서쪽 인근에 위치한 남두촌(南頭村)의 친정으로 돌아와 있을 때 피해를 당했다. 즉, 같은 해 봄 무렵 하동촌에 주둔하고 있던 구 일본군이 남두촌에서 작전 행동을 전개했고, 그때 '바보 대장'이라고 불린 '도오벤'이라는 하사관[이하 '을(乙) 하사관'이라고 한다]이 5, 6명의 일본 군인을 이끌고 南○○의 친정으로 몰려와, 南○○의 어머니를 때리고 걷어차 뜰로 몰아내고, 을 하사관이 그 자리에서 南○○을 강간했다. 나아가 어머니와 농사일에서 돌아온 아버지를 때리고, 南○○을 양마산(羊馬山)의 기슭에 있는 경비대의 포대 근처 민가로 납치하여 연금했다. 南○○은 그 후 수개월에 걸쳐 그 건물 또는 하동 포대로 끌려가 을 하사관에게 계속 강간당했다.

　양친이 은전 700원이라는 거금을 융통하여 구 일본군에게 제공했지만 南○○은 풀려나지 못했다. 한 차례 도망치려고 한 적이 있었지만, 전족 때문에 뛸 수가 없었기 때문에 체포되어 다시 끌려오고 말았다. 구 일본군에게 보복을 당할 것이 쉽게 예측되었기 때문에, 南○○은 그곳에서 도망칠 수도 없었고, 풀려나지 못한 채 이후 장기간에 걸쳐 감금당한 상태로 계속 강간당했다. 그리고 원치 않게 을 하사관의 아이를 임신하게 되었고, 수개월 후 남아를 출산했다. 원치 않는 임신으로 아이까지 생긴 南○○이었지만, 그 친척 중 일부는 그러한 사정을 이해하지 못하고 南○○을 대일 협력자로 적대시하여 南○○의 어머니에게 "당신 딸은 일본인에게 봉사했고 일본인의 아이까지 낳았다"라고 비난했고, 1942년 8월 14일 밤에 여러 명이 南○○의 친정에 난입하여 당시 임신 8개월이었던 어머니와 2명의 남동생을 끌어낸 후 살해하는 비극마저 불러왔다. 이 사건을 갇힌 채 듣게 된 南○○은 너무나 큰 충격을 받은 나머지 자살을 기도했지만, 구 일본군 통역의 도움으로 죽지는 않았다.

　처음 납치된 때로부터 약 1년 반 후, 南○○은 을 하사관이 이동을 하게 되어 하동촌을 떠났기 때문에 그 기회에 도망치려 했지만, '먀오지'라는 후임 하사관(이하 '병 하사관'이라고 한다)에게 붙잡혀 2, 3개월에 걸쳐 계속 강간당했고, 또 밤에는 포대로 끌려가 복수의 일본 군인에게 맞고 차이는 폭행을 당하고 강간당했다. 그 상황은 楊宝貴의 기억에 비추어 명백한데, 매일같이 일본 군인이 南○○을 나귀에 태워 양마산 위의 포대로 끌고 갔다.

참을 수 없었던 南○○은 병 하사관이 소탕 작전을 나가 부재중일 때 벽에 구멍을 뚫고 도망쳐 산서성 양곡현(陽曲縣)을 전전했다. 화가 난 병 하사관은 南○○을 찾으러 친정으로 들이닥쳐, 살아남은 남동생(당시 11세)의 손을 말꼬리에 묶은 채 끌고 다녀 큰 부상을 입히고, 집을 불태워 버렸다. 병 하사관을 포함한 구 일본군이 하동촌에서 떠난 후, 간신히 친정으로 돌아왔다.

南○○은 그 후 재혼하여 하동촌에 살았는데, 중화인민공화국 정부가 성립된 후의 정치 상황 속에서, 구 일본군 하사관들에게 성적 관계를 강요당한 것 때문에, 항일전쟁 중의 대일 협력자로 심판을 받아 2년간 투옥되었다. 게다가 문화대혁명이 시작되자 南○○ 본인이 반혁명분자로 규탄되어 중노동을 부과받았을 뿐만 아니라, 두 번째 남편마저 '반혁명분자인 아내를 두었다'는 이유로 규탄받았다. 또 일본 군인에 의한 성폭행 때문에 자궁 통증과 부정 출혈 등 불치의 부인병에 걸려 아이를 낳지 못하는 몸이 되었고, 문화대혁명 와중에 극심한 규탄과 병고를 견디지 못하고 1967년에 목을 매어 자살하기에 이르렀다.

[이하 요지. 원고 楊△△은 南○○의 양녀로, 3세 때 양모가 자살했다. 南○○은 남편에게 양녀가 크면 그 피해를 전부 말하고 그 원통함을 씻어주기 바란다고 부탁했다. 楊은 양모가 항상 온돌에 누워 움직이지 못했다고 기억하고 있다. 또 楊은 소학생 때 처음으로 양모의 피해에 관해 듣고 의미를 몰라 양부에게 물었는데, 양부는 울면서 楊을 끌어안고서 "다 크면 어머니의 일을 전부 알려주겠다"라고 말했다. 양부는 1993년 죽기 직전에 南○○의 수난의 경위를 상세하게 들려주었고, 楊이 南○○을 대신해 그 명예를 회복하기 바란다고 강하게 희망하면서 타계했다].•

張○○

1941년 1월 신혼이었던 16세 때, 서연진(西戀鎭)의 집에서 총검으로 협박당하여 연행되는 도중에도 윤간당했고, 하동 포대의 야오돈에 감금되었다. 한겨울에도 건초 위에서 약 20일간 밤낮으로 십수 명에게 강간당했고, 식사도 거의 받지 못하여 죽는 것과 다를 바 없었다. 은전 400원을 주고 풀려났지만 1년여 동안 요양해야 했다. 10년 가까이 생리가 끊기고, 겨우 얻은 아이는 모유 부족으로 병사했다. 지금도 일본인을 두려워하며, 호흡 곤란과 악몽에 시달린다.

• 지면 관계로 이하 원고들의 사실인정 부분은 편저자가 요약한 것입니다.

趙○○

1941년 4월의 '서연참사', 즉 우현 동곽추촌 및 하동촌에 주둔하고 있던 일본군·경비대 합계 200여 명이 출동하여 서연진을 포위하고, 마을 사람들을 마구 총검으로 공격한 사건의 와중에 피해를 입었다. 일본 군인은 양모·양부를 군인도로 베어 초주검의 중상을 입히고, 17세의 처녀인 趙○○을 윤간했고, 전족을 하고 있던 趙○○을 나귀에 묶어 하동 포대 밑의 야오돈으로 납치했다. 40여 일간 십수 명에게 연거푸 강간당했다. 대퇴부는 쓸려서 도려낸 듯했고, 음부는 부어올랐다. 가족이 토지, 건물 등을 팔아 마련한 은전 210원을 주고서 구출했다. 양부모는 부상으로 인해 사망했다. 趙○○도 움직일 수 없어서 반년간은 의매(義妹)에게 간병을 받았고, 중증의 정신적 질병으로 고생했다. 피해 때문에 좀처럼 결혼하지 못하다가, 20세 되던 해 가까스로 결혼했지만, 6년간 불임이어서 남편에게 버려졌다. 30대에 이미 생리가 멈췄고, 재혼한 뒤에도 아이가 생기지 않아 양녀를 두었다. 지금도 기억이 되살아나 현기증이나 분노를 느낄 때 정신적 균형을 잃어버린다.

高○○

1941년 4월 17세 때 남두촌의 시집에서 '남두참사'를 겪었다. 하동 포대로 끌려간 남자들은 팔로군과의 관계를 끊으라고 고문당하고 高○○

등은 강간당했고, 약 보름 후 남편이 은전 200원을 내주어 풀려났다. 하지만 남편과 시어머니에게서 강간 피해와 불임 등을 이유로 이혼당했고, 재혼했지만 불임을 이유로 다시 이혼당했다. 세 번째 남편과 살고 있다.

王○○

1941년 또는 1942년 2월 남두향의 마을에서 공산당원이 회의하던 중 당원 체포 작전을 하던 일본군에게 습격당하여, 항일 촌장이었던 남편은 고문 끝에 살해당했다. 부녀구국회 소속 21세의 王○○도 이가 부러지고, 몸 전체가 피투성이가 되어 기절했다. 하동 포대 야오돈에 감금되어 연일 강간당했다. 오른쪽 다리 골절. 20여 일 후, 돈을 주고 풀려났다. 하복부 격통과 화농으로 2년간 움직일 수 없었다. 간신히 재혼하여 4명의 자녀를 출산. 지금도 몸 상태가 좋지 못하다.

趙○○

1942년 8월, 25세 때 우현 요상촌(堯上村)의 시집에서 급습한 일본군에 의해 서연 포대 안의 깜깜하고 변기만 있는 방에 감금되었고, 밤에는 별실로 끌려가 윤간당했다. 일본 군인을 보는 것만으로 정신을 잃어 물이 끼얹어졌다. 30여 일 후 양, 소, 가재도구 등을 팔아 마련한 은전 380원을 주고 풀려났지만, 몸이 쇠약해져 반년은 전혀 움직이지 못했고, 아이는 재혼 때에도 생기지 않았다. 지금도 많은 질환에 시달리고 있다.

尹○○

1941년 1월 하동촌에 일본군이 침입하여, 남편이 병사하여 뒷배가 없는 19세의 尹을 발견하고, 양친을 곤봉으로 때려 내쫓고서 연일 尹을 강간했고, 밤에도 포대로 끌고 가 윤간했다. 젖먹이 아이가 있어서 아침에는 귀가를 허락받았지만, 극심한 성폭력 때문에 모유도 나오지 않아 아이는 사망했다. 2년 후 다행히 재혼하여 마을을 떠났다. 생리불순으로 33세에 출산했다. 지금도 공포감 때문에 몸을 떠는 발작이 끊이지 않는다.

楊○○

17, 18세 때인 1941년 또는 1942년에 서연진의 자택이 습격당해 집안사람들이 두들겨 맞고 쫓겨났고 楊○○은 윤간당했다. 그 후에도 자택이나 하동 포대 밑의 야오돈으로 끌려가 강간당했다. 그때 갑(甲) 하사관이 楊을 독점하여 임무 차 이동하는 때에도 동행시켰으며, 약 보름 후 오빠가 돈을 내주어 구출되었다. 그 후 2년간 병을 앓았고, 20세 무렵 결혼했지만 아이는 생후 수일 만에 사망했다. 30대 전반에 생리가

멈췄다. 지금도 부인병, 하복부 통증 등으로 고생하고 있다.

楊○○

25, 26세 때인 1942년 섣달 혹은 다음 해 초 출산하여 하동촌 친정으로 돌아와 있을 때 일본 군인이 난입하여 양친에게 큰 부상을 입히고, 楊○○을 별실에서 윤간했다. 楊○○은 시집으로 돌아갔지만, 2명의 일본 군인이 누차 친정에 나타나 楊○○을 데리고 오라고 양친을 폭행했기 때문에 친정으로 돌아오지 않을 수 없었고, 그 2명에게 반년 이상 강간당했다. 시집에서도 시아버지가 총살당하고 집이 불태워졌다. (이상, 요지)

II. 정신적 피해의 유무 및 그 양태

피해자 원고들은 위의 I과 같이 10대 전반에서 20대인 어린 시절에 적국인 일본의 군인에게 습격당하고 납치되고 감금되어 반복적으로 강간당했고, 폭행·상해를 입기에 이른 것이다. 그 당시의 원고들의 공포, 고통, 수치심, 슬픔, 불안은 위의 I에서 조금 언급했지만, 그 가해

행위의 지독함을 통해 능히 상상되며, 원고들이 절규하듯 말한 것처럼, 매우 견디기 힘든 것이었다. 원고들은 당시의 가부장제 아래에서 여성의 정절을 강요하는 중국 농촌의 뿌리 깊은 사회 통념 속에서, 피해자이면서도 사회로부터 멸시당하고 책망당하면서 살아가지 않으면 안 되었고, 구 일본군에 의한 직접적인 가해행위가 지나간 뒤의 정신적 고통 또한 극히 가혹한 것이었다.

게다가 피해자 원고들이 받은 정신적 고통은 피해 당시 및 그 직후에 그치지 않고 그 후에도 여러 가지 형태로 계속되어 원고들을 괴롭혀 왔고, 이 사건 피해 후 60여 년의 시간이 지났음에도 원고들의 정신적 고통을 완화시키기는커녕, 오히려 그 기간 동안 반복되고 증폭되어 원고들을 괴롭혀, 원고들은 심적 외상후스트레스장해, 이른바 'PTSD'가 발현한 채 방치되어 왔다.

【참고】 토오쿄오 고등재판소 판결(2005년 3월 31일)에서도 지방재판소 판결을 인용하여 사실인정을 하고 있다.

9 대만 재판

9명의 원고에 대해 토오쿄오 지방재판소·고등재판소 모두 사실인정을 하지 않았다. 대만에서는 해외의 위안소로 연행되어 '위안부'를 강제당한 식민지형 피해와 대만의 일본군 주둔지에서 노동과 계속적 성폭력을 강제당한 점령지형 피해로 구분된다.

10

해남도 재판   토오쿄오 고등재판소 판결
(2009년 3월 26일)

제3 당 재판소의 판단

1. 이 사건의 배경 사정, 이 사건 피해 여성들의 피해 사실 등에 대해

증거(갑1 [후략]), 증인 張○○, 항소인 林○○ [후략] 및 변론의 전 취지에 의하면 아래의 사실이 인정되고, 이 인정을 뒤집기에 충분한 증거는 없다.

1) 이 사건의 배경 사정

[생략] 1932년 이른바 제1차 상해사변 무렵부터 제2차 세계대전 종전 때까지, 장기간에 걸쳐 그리고 광범위한 지역에서, 일본군의 군사 위안소(이하 '위안소'라고 한다)가 설치되었고, 여기에 일본 군인을

상대로 성 노동을 강제하는 다수의 군대위안부(이하 '위안부'라고 한다)가 배치되었다. 위안소는 〔요약. 거의 「코오노 담화」 전반부의 내용〕. 일본 육해군은 1939년 해남도에 침공하여 점령했고, 그에 수반하여 해남도 항구 마을에도 위안소가 설치되었고, 점령 지역이 확대됨에 따라 각지에 무장 부대가 주둔하면서 위안소가 증설되었다.

2) 이 사건 피해 여성의 피해 사실 등

① 항소인 譚○○에 대해

譚○○은 1925년 음력 7월 무렵 보정현(保亭縣) 남림향(南林鄉) 남통촌(南通村)에서 태어난 여족(黎族) 여성이다. 그녀는 1943년 봄 일본군이 남향(南鄉)으로 들어와 등교(藤橋)에서 삼도(三道)를 거쳐 남림(南林)까지 도로 건설을 할 때, 18세로 징용되어 노동자가 되어 남림의 거점으로 연행되었다. 그리고 연행된 그날 일본군의 식사 지원과 세탁 담당자라는 명목으로 '전지(戰地) 후근(後勤) 복무대'로 선발되었다. 譚○○은 남림에서 전지 후근 복무대로 일하고 있던 중 산속으로 끌려가 복수의 일본 군인에게 강간당했다. 그날 밤 譚○○은 거점에서 통역으로부터 "도망치는 것은 불가능하다. 만일 누군가가 도망가면 다른 사람이나 가족을 죽인다"라는 말을 들었기 때문에 일본 군인에게 복종하지 않을 수 없었다. 譚○○은 새로 엮은 지붕의 판잣집에 칸막이만 친 조악한 방에 들여보내져, 거의 매일 복수의 일본 군인에게 강간당했다. 譚○○은 일단 남림의 거점에서 도망치는 데 성공했지만, 재차 일본군에게 붙잡혀 끌려왔고, 그때부터 1년 이상 그 장소에 감금당한 채 보냈다. 그 후 譚○○은 대촌(大村)으로 끌려갔는데, 1945년 중반이 되자 대촌에 주둔하고 있던 일본군이 혼란해지기 시작했기 때문에, 譚○○은 그 틈을 타 도망쳤다.

② 항소인 黃○○에 대해

항소인 黃○○은 1927년 〔생략〕 12월 10일 능수현(陵水縣) 전자향(田仔鄕) 가마촌(架馬村)에서 태어난 여족 여성이다. 黃○○은 14세 때 마을로 침공해 온 일본 군인에게 자택에서 강간당했다. 그다음 날 일본 군인이 黃○○의 집에 와서 黃○○을 강간했다. 그다음 날 黃○○은 가마촌에 설치된 일본군의 주둔지로 억지로 끌려가 주둔지 안에 있는 일본군 위안소에 감금되었고, 매일 성행위를 강요당하는 외에, 청소와 세탁 등의 노동도 강제당했다. 2, 3개월 후 黃○○은 등교로 이송되어 위안소에 들여보내졌다. 이 위안소는, 방에는 자물쇠가 채워져 있고 일본 군인이 감시하고 있어서 도망치는 것은 불가능했고, 黃○○은 거기에서 하루에 두 번 약간의 식사를 제공받으면서 거의 매일 일본 군인에게 강간당했다. 黃○○은 등교의 위안소에 1년 정도 감금되었다. 黃

○○의 신세를 동정한 통역인 黃文昌이 黃○○의 부모가 사망했다는 이야기를 하며 일본군 상관에게 애원한 결과, 黃○○은 자택으로 돌아가는 것이 허용되었다.*

③ 항소인 陳○○에 대해

1927년 능수현 출생의 여족 여성. 14세 때 마을에 침공해 온 일본 군인에 의해 주둔지로 연행·감금되어 강간당했다. 낮에는 청소와 취사, 밤에는 강간당하는 생활이 2, 3개월 이어진 후, 등교의 위안소로 이송되었고, 그 후 본래의 주둔지로 다시 끌려와 강간당하는 날이 이어졌다. 종진 직진 도망하여 종전 사실을 알지 못한 채 산중에서 약 1개월간 생활했다. 그 후 마을로 돌아와 24세 때 결혼했고, 9회 임신했지만 8회는 유산·사산이었다.

④ 항소인 譚○○에 대해

1925년 출생의 여족 여성. 16, 17세 무렵 침공해 온 일본군에게 '전지 후근 복무대'로 징용당하여 주둔지로 연행된 후, 산중으로 끌려가 강간

---

* 지면 관계로 이하(③~⑨)는 편저자에 의한 요약이지만, 거의 원문에 가깝습니다.

당했다. 그때의 폭행으로 한쪽 귀가 들리지 않게 되었다. 주둔지에 감금되어, 낮에는 물 긷기, 세탁, 재봉, 취사 등, 밤에는 매일 강간당하는 나날이 이어졌다. 조식은 쌀밥에 소금뿐, 점심·저녁은 스스로 산나물을 뜯어 먹을 수밖에 없었고, 도망가려 할 때마다 곤봉으로 맞았다. 지금도 우늑골 등 부위가 변형·융기되어 있고, 좌측 허리뼈도 어긋나 튀어나와 외부로 만곡이 된 상태이다. 각 주둔지 위안소로 이동한 후, 대촌의 위안소에서 계속 감금당하다가, 패전 직전에 도망했다.

⑤ 항소인 林○○에 대해
1924년 보정현 출생 여족 여성. 1943년 여름 마을로 침공하여 온 일본 군인에게 뒤로 손이 묶여 십군매(什君邁)에 있는 주둔지로 연행, 감금, 윤간당했다. 그 후 주둔지인 십랑(什浪), 십정(什丁), 나붕(羅朋), 전독(田獨) 사이를 이동했지만, 소량의 식사밖에 제공받지 못했고, 저항하면 때리고, 차고, 담뱃불로 지지고(얼굴도), 발을 송곳으로 찌르는 등의 폭력을 당하여, 지금도 상처가 남아 있다. 일본군이 철수하기 직전에 풀려났다.

⑥ 항소인 陳○○에 대해
1926년 가무(加茂)에서 태어난 여족 여성. 14세 때 자택에 난입한 일본

군인에게 부모 앞에서 강간당했다. 산에서 3개월 정도 숨어 지냈지만, 일본 군인이 陳○○을 찾기 위해 마을 사람들을 고문했기 때문에 내려오지 않을 수 없었고, 주둔지로 연행되어 도망갔던 일에 대한 제재로 배 아래에 칼날을 위로 향하게 한 군도를 두고, 그 위에 팔굽혀 펴기 자세를 취하게 하고, 몸을 위로 올려 편한 자세를 취하면 몽둥이로 허리를 때리는 폭력을 당했고, 약 3개월간 감금당한 채 강간당했다. 그 후 2개월간 농사일을 하면서 강간당하는 날이 이어졌지만, 몸 상태가 나빠져 자택으로 돌려보내졌다.

⑦ 항소인 鄧○○에 대해
1925년 또는 1926년 무렵 모감향(毛感鄕) 출생의 묘족(苗族) 여성. 1943년 무렵 군에 징용당했을 때, 주둔지 인근에서 3명의 일본 군인에게 강간당해 노동에 동원되지 않았는데, 일본 군인이 마을로 침입하여 마을 사람들까지 폭행했기 때문에 노동에 나서지 않을 수 없었고, 이후 2년간 노동에 동원되었지만 매일같이 주둔지 창고 안에서 강간당했고, 3년 동안 감금되었다.

⑧ 항소인 黃○○에 대해
보정현에서 출생한 여족 여성. 1940년 무렵에 징용되어 야채와 담뱃잎

재배에 종사했는데, 1943년 말에 賴進興이라고 불리는 일본군 협력자에게 협박당해 일본 군인에게 넘겨져 강간당했다. 주둔지 안의 '일본 아가씨의 방'이라고 불리는 작은 방에 감금되어, 일본 아가씨라고 불린 위안부가 올 때 빼고는, 매일 밤낮을 가리지 않고 강간당했다. 한번 도망쳤지만 붙잡혀 '배 아래 군도 날'이라는 제재를 당했다. 패전 직전에 대장이 살해당하는 혼란을 틈타 도망쳤다.

⑨ 이 사건 가해행위 가운데 연행, 이송, 감금, 감시 등 인신의 자유를 박탈한 행위는, 총검 등으로 무장한 일본 군인에 의한 폭력과 생명, 신체에 대한 해악의 고지 등의 방법으로 이루어진 것이었고, 강간 등의 성폭력은 직접 신체에 가해진 폭력 외에, 위에서 기술한 것과 같은 무기에 의한 위협이나 협박으로 감행된 것이었다. 이들 가해행위는 부대의 '대장'이 솔선하여 감행한 경우도 있었다. 피해 여성들은 모두 풀려난 뒤에 결혼했지만, 결혼 후에도 위안부였다는 이유로 주변 사람들에게 비난과 중상모략을 당하고 멸시당했다. 풀려난 뒤에도 가해 군인과 피해 상황에 대해 거듭 꿈을 꾸거나 상기하게 되어 두근거림, 공포 등을 겪는 경우가 있다.

3) 상속 〔요지. 譚○○과 黃○○의 사망과 상속을 기재〕

4) 위에서 기술한 인정 사실에 의하면, 이 사건은 [생략] 일본군이 1939년에 [생략] 해남도에 침공하여 그곳을 점령한 상태에서 그 [생략] 군인과 점령지 주민(비전투원)인 이 사건 피해 여성들 사이에 발생한 사건이기 때문에 전시국제법이 적용된다. 육전에 관한 전시국제법으로는 이 사건 당시에 1907년의 [생략] 「육전의 법규 관례에 관한 조약」(이하 「헤이그 육전조약」이라고 한다)이 이미 발효되어 있었고, [생략] 이미 성립되어 있던 관례를 육전조약의 부속 규칙으로 성문화한 「육전의 법규 관례에 관한 규칙」(이하 「헤이그 육전규칙」이라고 부른다)이 규정되어 있었으며, 헤이그 육전규칙은 [생략] 점령군이 준수해 할 사항으로 "집안의 명예 및 권리, 개인의 생명, 사유 재산 및 종교적 신앙 및 그 준행은 이를 존중해야 한다. 사유 재산은 이를 몰수할 수 없다"라고 규정하고 있고, 헤이그 육전조약 제3조는 "이를 위반한 교전 당사자는 손해가 있을 때는 그 배상의 책임을 지는 것으로 한다. 교전 당사자는 그 군대를 구성하는 인원의 일체의 행위에 대해 책임을 진다"라고 규정하고 있는데, 이 사건 가해행위는 [요지. 군인이 총으로 협박하고, 주민 여성을 자택에서 강간하고, 주둔지로 납치하여 감금하고, 반복적으로 강간한 것이기 때문

에 헤이그 육전규칙 제46조에 위반되고, 헤이그 육전조약 제3조에 해당하는 것은 명백하여], 전시국제법에 위반되는 것이었다고 하지 않으면 안 된다.

게다가 〔요지. 육군형법·해군형법은 1942년에 개정되었고, 강간죄는 형법이 적용되던 이전보다 엄격하게 되어 무기 또는 1년 이상, 상해를 입힌 경우에는 무기 또는 3년 이상, 살해한 경우에는 사형 또는 무기 혹은 7년 이상의 징역이라고 규정되었다. 따라서 피해자를 반복하여 강간한〕 이 사건 가해행위는 모두 형법 또는 육군형법 및 해군형법 소정의 강간죄 등에 의해 처단되는 중대한 범죄행위였다고 할 것이다.

그리고 이 사건 피해 여성들은 이 사건 피해를 입을 당시 14세에서 19세까지의 여성이었고, 〔생략〕 군의 위력에 의해 위압 혹은 협박하여 자신의 성욕을 만족시키기 위해 끝없는 능욕을 한 군인들의 이 사건 가해행위는, 극히 비열한 행위로 엄한 비난을 받아야 한다. 〔생략〕 피해 여성들이 입은 피해는 실로 심각하여, 그것이 이미 치유되었다거나 보상을 받았다고 할 수 없다는 것은 이 사건의 경위에 비추어 명백하지만, 〔생략〕 피항소인이 이 사건 피해 여성들에 대해 직접 법적 책임 여부에 대해서는 다시 검토할 필요가 있다.

2. 이 사건 피해 여성들에게 발생한 정신적 장해에 대해

1) 이 사건 피해 여성들에게 발생한 정신적 장해

증거(갑64, 이하 생략) 및 변론의 전 취지에 의하면, 이 사건 가해행위에 의해 이 사건 피해 여성들 가운데 항소인 鄧○○은 PTSD가 발현했고, 항소인 黃○○, 陳○○, 譚○○, 林○○ 및 陳○○은 모두 '파국적 체험 후의 지속적 인격 변화'가 발현했다는 것이 인정되고, 망인 譚○○ 및 망인 黃○○은 모두 PTSD가 발현했다고 추인할 수 있다.

2) PTSD 증상 등에 대해

〔요지. 이하, 두 쪽에 걸쳐 PTSD(외상후스트레스장해)에 대해 상술. 전형적인 증상으로서 무감각과 감정 둔화, 타인으로부터의 이탈, 쾌락 상실, 트라우마를 상기시키는 것에 대한 회피, 플래시백, 공포, 패닉, 공격성, 불면, 악몽 등〕

3) '파국적 체험 후의 지속적 인격 변화'에 대해

〔요지. 표기에 대해 한 쪽 정도 상술하고 있다. 파국적 혹은 과도하게 지속되는 극단적 스트레스, 예를 들어 나치 강제수용소 체험, 고문, 대참사, 살해의 위험이 절박한 감금 등 생명을 위협하는 상황에 지속적으로 노출된 후에, 인격과 행동에 심각한 왜곡·장해가 지속적으로 발생하는 경우를 말한다. 세

상에 대한 적대적·의심 가득한 태도, 히키코모리, 무력감, 끊임없이 위협받고 있다는 감정, 쌀쌀맞은 태도 등 사회적 기능장해에 이른다.]

【참고】 토오쿄오 지방재판소 판결(2006년 8월 30일)에서도 배경 사정, 피해 사실 모두 고등재판소와 거의 똑같이 인정하고 있다. 그러나, 1. 4)[107쪽] 이하는 고등재판소에서 추가되어, 상세하게 피해자 중심적인 사실인정이 되었다.

사실인정
총정리

판결에서 사실인정은 1. 이 사건의 배경 사정과 2. 각 원고의 피해 사실로 나뉘어 있습니다.

1. 배경 사정에 대해

그 내용은 크게 나누어 두 가지입니다. ① '위안부' 제도의 실태를 기술한 것과, ② 산서성 침략 일본군과 항일 세력 사이의 전투 대치의 역사적 배경을 기술한 것이 그것인데, 그중 ①에서 **유족회 재판, 관부 재판, 재일한국인 재판**의 판결은 1993년에 내각외정심의실이 발표한 「이른바 종군위안부 문제에 대해」의 '2'의 전체 내용(설치·관리에 군의 직접 관여, 군 직영, 의사에 반한 모집, 관헌의 가담 등을 포함한다)을 거의 망라하여, 군·정부의 관여와 강제성을 명확하게 인정하고 있습니다. 해남도 재판 판결은 그것을 요약한 「코오노 담화」의 내용에 의거하여 인정하고 있습니다.

②는 중국의 1차 재판, 2차 재판, 산서성 재판의 판결입니다. 특히 중국 1차 재판 고등재판소 판결은 그러한 역사 상황 속에서 "일본군 구성원이 …… 여성을 강제적으로 납치·연행하여 강간하고 …… 위안부 상태로" 만들었다고 하여, 군인에 의한 납치·강제 연행을 분명히 밝혔고, 산서성 재판 지방재판소 판결은 그러한 전시라고 하더라도 "상궤를 벗어난 비열한 만행"이었다. 그 정신적 피해가 심대하다고 기술하고 있습니다. 그 외 네덜란드 재판 판결은 배경 사정에 관한 사실인정은 없습니다.

2. 각 원고의 피해 사실에 대해

판결에서 피해를 인정받은 원고는 35명으로, 한국인 10명, 중국인 24명, 네덜란드인 1명입니다.

연행의 형태에 대해서는, 납치 및 납치에 가까운 강제 연행은 31명(한국인 6, 중국인 24, 네덜란드인 1), 감언에 의한 사기 4명(한국인 4)입니다. 조선에서도 "팔다리를 붙잡혀 연행되었다"라거나 "거절했지만 강제적으로" 등 실로 강제 연행이 인정되어 있습니다. 또 언뜻 보기에는 감언 유형인 경우에도, 판결에서도 여관에 모이자마자 "방에는 바깥 자물쇠"라거나 "하숙방에 감금"되었다고 기술되어 있는데, 저[쯔보카와 히로코] 또한 한국의 피해자에게서, 속아서 열차에 태워지자마자 감시가 붙어서 울부짖든 말든 말 그대로 강제 연행이었다는 이야기를 여러 번 들었습니다. 식민지에서는 큰 소란을 일으키는 납치보다는 좋은 일감이 있다고 속이는 편이 간단했고, 속여서 끌고 오면 곧바로 강제한다는 수법이 이용되었다는 것을 쉽게 추정할 수 있습니다.

중국의 경우는 모두 일본 군인에 의한 납치, 즉 협의의 강제 연행입니다(해남도의 경우는 처음에는 군에 의해 노동 징용되었다가 곧바로 '위안부'가 된 사례가 4건 있다).

"협의의 강제 연행은 없다"라는 주장은 일본 정부의 책임을 회피하기 위한 전략적 돌파구인데, 같은 사고방식을 가진 의원·사람들이 미국 하원의 결의를 저지하려고 ≪워싱턴 포스트≫에 낸 의견광고(The Facts)에서도 "강제 연행의 자료가 없다"라고 맨 앞에 내세우고 있습니다(이 광고는 역효과를 냈습니다). 그러나 그 이전에 일본의 사법부가 인정한 이 강제 연행의 사실을 직시해야 합니다. 또 피해자의 증언에는 뒷받침할 증거가 없다고 그들은 말합니다만, "집에 밀고 들어가 납치 연행해 오라"라는 명령서를 일본군이 낼 리가 없는데, 도대체 어떤 증거를 요구한다는 것입니까?

문헌만을 통한 권력적 역사 연구 방법을 뒤집고 구술사를 평가한 것도 '위안부' 문제의 성과 중 하나입니다. 코오노 요오헤이(河野洋平) 씨 등은 자료가 없는 경우 한국에서 피해자의 증언을 청취하고 실상을 정사(精査)하여, 당시의 '매우 압도적인 군의 권력', '식민지 지배'라는 강압적 상황, '분명히 피해자가 아니면 말할 수 없는 증언'에 대해 판단하여, 감언이설과 강압을 포함하여 '의사에 반했다'는 것을 '강제성'의 정의로 삼은 것입니다. 생각건대, 피해자의 증언을 진지하게 받아들인 사람이 아니면 말할 수 없는 역사 인식이라고 할 수 있습니다. 당시 일본도 체결하고 있었던 추업조약에서도 사기 연행을 폭력적 연행과 마찬가지로 처벌 대상으로 하고 있습니다.

또한 그들은 '강제' 연행에 집착합니다만(자유의사로 돈 벌러 갔다고 하고 싶은 것), 위안소 생활의 '강제'야말로 문제 삼아야 한다는 것은 말할 필요도 없습니다.*

연령에 대해서는, 10대가 30명(한국인 10, 중국인 19, 네덜란드인 1), 20대 3(중국인 3), 불명 2(중국인 2)이었습니다. 중국에서는 13세의 소녀부터 미혼·기혼을 불문하고 연행했고, 한국에서는 12세를 시작으로 전원이 미성년이어서 도저히 자발적으로 돈을 벌러 갈 나이가 아니었고, 미성년자를 끌고 가는 것은 설령 본인이 승낙하더라도 추업조약 위반의 범죄입니다.

모집자는, 한국의 경우 일본인과 조선인 남성 두 사람이었다는 증언이 5, 군인이었다는 증언이 1, 경찰관이었다는 증언이 1, 한국어와 일어를 모두 말하는 남성이었다는 증언이 1, 조선 남성이었다는 증언이 1, 조선인 여성이었다는 증언이 1 등으로, 그들도 주로 군이 선정한 업자 관계자라고 할 수 있습니다.

중국의 경우는 모두 일본 군인이며, 일본군에 협력한 중국인이 가담한 예도 있습니다. 네덜란드의 경우는 역시 명기되어 있지는 않습니다

- 네덜란드 재판의 판결에서는 명기되어 있지 않지만, 스마랑 사건은 군에 의한 수용소로부터의 강제 연행으로 유명하고, 요시미 요시아키 교수도 본인에게 직접 확인했기 때문에 강제 연행에 포함했다.

만, 요시미 요시아키 씨의 증언 청취에 따르면 일본인(군인 기타)이라고 합니다.

연행지는, 한국의 경우 중국으로 5, 대만으로 2, 라바울·랑군·일본으로 각 1입니다. 도망치고 싶어도 지리도, 언어도 모르는 외국이어서 불가능했습니다. 또 패전 때에는 그들을 남겨둔 채 떠나버린 사례도 적지 않았습니다.

위안소에서의 생활은, 한마디로 '성노예'이며 위안소는 '강간센터'(맥두걸 보고서)라고 할 수 있습니다. 또 금전 수수는 판결의 사실인정에는 등장하지 않았습니다.

전후 생활도 포함하여, 다시 한번 (산서성의 南○○ 씨에 의해 상징되듯이) 전쟁, 정치, 가부장제 사회에 의한 중층적 피해를 당하는 성폭력의 잔혹한 사실에 완전히 압도당하게 됩니다. 피해는 둘도 없는 인생에 결정적인 영향을 미쳤습니다. 자료에는 나타나지 않은 사실, 당사자가 아니면 말할 수 없는 내용, 피해 여성들의 통절한 외침이, 패소로 끝난 재판의 판결에서 터져 나와 역사 왜곡 따위는 단숨에 날려버리는 압도적인 힘으로 역사의 진실을 전하고 있습니다.

마치며

 판결의 사실인정과 부언은, 재판관이 '사실'을 무겁게 받아들여 확실한 사실인정(피해의 심대함, 이후의 인생에 대한 영향, 현재까지 이어지는 심각한 PTSD 증상)에 입각하여 이루어졌다고 생각됩니다.

 관부 재판 판결은 피해를 나치의 만행에 준하는 중대한 인권 침해로 인식하고, 지금도 계속되는 고통을 인정하여, 이를 방지하면 '새로운 인권 침해를 불러온다'라는 이유로 승소를 이끌어냈고, 또 산서성 재판 판결도 상세한 「피해 상황 일람」을 인정하고, 피해가 마음속 깊이 사라지지 않는 흔적으로 계속 남아 있다는 것을 생각한다고 부언하지 않을 수 없다고 했습니다.

 그 외에도, 중국인 강제 연행 사건에서도, 니이가타(新潟) 지방재판소의 재판관은 한겨울의 니이가타항까지 찾아가 피해자의 설명을 듣고 당시의 가혹한 노동 실태를 실감한 후 사실을 인정하고, 국가와 기업에 대한 전면 승소를 선고했습니다.

여기에서는 '사실의 무게'와 그 '현재·미래성'을 직시하고, 피해자의 입장에서 이와 같은 중대한 인권 침해는 회복·구제되지 않으면 안 된다는 사법부의 강한 사명감·인권 감각이 느껴집니다. 그 기본은 사실의 인식이라고 할 수 있습니다.

1991년 12월 최초의 한국 유족회의 제소 이래 2010년 3월 해남도 사건에 대한 최고재판소의 기각까지, 모든 손해배상 청구 소송은 패소가 확정되었습니다. 그렇다면 이 재판들은 무의미한 것일까요? 그렇지 않다고 생각합니다.

이 책에서 제시한 것처럼 위안소 제도의 배경, 국가의 불법행위(가해), 개개인의 피해 사실이 인정되고, 움직일 수 없는 역사의 증거가 되어, 현재·미래 세대에게 귀중한 유산이 되었습니다. 일본인이 끊임없이 되돌아오게 되는 역사 인식, 인권 감각의 출발점이 되는 것입니다. 그리고 앞으로의 정치적 해결의 원점이기도 합니다.

또 그동안 싸워온 피해자와 변호사, 방일지원·서명·홍보·방문교류 등으로 지원해 온 시민들은, 재판 이후에도 국가를 넘어선 교류·의료지원·연대의 인연을 심화시키고 있습니다.

1992년 당시 저는 한국 유족회의 소송을 지원하고 있었습니다. 처음 일본에 오셨을 때는 아래를 보며 얼굴을 감추었던 할머니가 두 번, 세 번 방일하는 가운데, 부끄러워해야 하는 것은 자신이 아니라 일본 정부라고 생각을 180도 바꿔, 마이크를 잡고 얼굴을 들고 국회를 향해 사죄와 보상을 요구하는 모습을 보고, 그 존엄으로 가득 찬 모습에 감동받았습니다. '아, 이것이 패러다임의 전환이다'라고 실감했던 것입니다.

1991년의 제소를 보도하는 ≪아사히(朝日) 신문≫(1991년 12월 6일)

이와 같이, 많은 피해자들이 투쟁 속에서 스스로의 존엄을 되찾고, 주변 사람들도 그녀들에게 공감과 존경의 눈길을 보내고 있습니다.

그러나 아직 사회적으로는 진정으로 해방되지 않았고, 일본 정부가 진지한 사죄와 그에 수반되는 국가로서의 배상을 '공식적으로' 행할 것을 피해자들은 20년간 기다려왔습니다. 이 책을 쓰고 있는 지금도 또다시 부고가 전해지고 있고, 생존자는 예를 들어 한국에서는 65명(234명 중)으로 줄어버렸습니다. 더는 시간이 없습니다.

'사실인정을 했음에도 왜 해결되지 않는 것인가'라는 피해자의 외침에 응답하는 것이 지금 우리에게 요구되고 있습니다.*

- 지면 관계로, 사실인정이 되지 않은 필리핀·대만과, 제소하지 않은 북한·인도네시아·동티모르·말레이시아 등의 피해 사실을 여기에 수록할 수 없었던 것이 아쉽습니다. 꼭 그 분들의 증언 등을 살펴봐 주시기 바랍니다.

참고 자료
1

제2차 조사 공표 시 발표문

이른바 종군위안부 문제에 대해

1993년 8월 4일
내각관방 내각외정심의실

1. 조사의 경위 • ••

이른바 종군위안부 문제에 대해서는, 당사자에 의한 우리나라(일본)에서의 소송 제기, 우리나라 국회에서의 논의 등을 통해 안팎으로 주목을 받아왔다. 또 이 문제는 지난해 1월 미야자와(宮澤) 총리의 방한 당시 노태우 대통령(당시)과의 회담에서도 논의되어, 한국 측으로부터 실태 해명에 대한 강한 요청이 있었다. 그 외에도 다른 관계국들, 지역에서도 본 문제에 대해 강한 관심이 표명되고 있다.

- • 조사 결과는 『정부조사 '종군위안부' 관계 자료 집성(政府調査「従軍慰安婦」関係資料集成)』 1~5권, 아시아여성기금(アジア女性基金) 편, 류케샤(龍溪舍)에서 출판. 아시아여성기금 홈페이지 디지털기념관에서 모두 볼 수 있다.
- •• 발표와 동시에 조사에 근거하여 「코오노 담화」가 발표되었다.

이러한 상황하에서 정부는 1992년 12월부터 관계 자료의 조사를 진행하는 한편, 전 군인 등 관계자들로부터 폭넓게 청취 조사를 하는 동시에, 지난 7월 26일부터 30일까지 5일간 한국의 서울에서 태평양전쟁희생자유족회의 협력을 얻어 전 종군위안부들에게서 당시 상황을 상세하게 청취했다. 또 조사 과정에서 미국에 담당관을 파견하여 미국 공문서를 조사하는 한편, 오키나와에서도 현지 조사를 했다. 조사의 구체적인 양태는 아래와 같고, 조사 결과 발견된 자료의 개요는 별첨하는 것과 같다.

● 조사 대상 기관

경찰청, 방위청, 법무성, 외무성, 문부성, 후생성, 노동성, 국회 공문서관, 국립 국회도서관, 미국 국립 공문서관

● 관계자 청취

전 종군위안부, 전 군인, 전 조선총독부 관계자, 전 위안소 경영자, 위안소 부근 거주자, 역사 연구가 등

● 참고한 국내외 문서 및 출판물

한국 정부가 작성한 조사보고서, 한국정신대문제대책협의회, 태평양 전쟁희생자유족회 등 관계 단체 등이 작성한 전 위안부 증언집 등. 또 본 문제에 대한 국내의 출판물은 다수 있는데, 그 대부분을 섭렵했다.

본 문제에 대해, 정부는 이미 작년 7월 6일에 지금까지의 조사 결과에 대해 발표했지만, 그 이후의 조사 결과도 반영하여 본 문제에 대해 총정리하여 아래와 같이 발표하기로 했다.

2. 이른바 종군위안부 문제의 실태에 대해

위에서 기술한 자료조사, 관계자로부터의 청취의 결과 및 참고한 각종 자료를 종합적으로 분석·검토한 결과, 아래와 같은 점들이 밝혀졌다.

1) 위안소 설치 경위
각지의 위안소 개설은 당시의 군 당국의 요청에 의한 것이었는데, 당시의 정부 자료에 따르면 구 일본군 점령지 안에서 일본 군인이 주민에 대해 강간 등의 불법적인 행위를 했고, 그 결과 반일 감정이 조성되는 것을 방지할 필요성이 있었다는 점, 성병 등 질병에 의한 병력 저하를 방지할 필요가 있었다는 점, 방첩의 필요가 있었다는 점 등이 위안소 설치의 이유라고 되어 있다.

2) 위안소가 설치된 시기
1932년 이른바 상해사변이 발발한 무렵 그 지역 주둔 부대를 위해 위안소가 설치되었다는 취지의 자료가 있어서 그 무렵부터 종전까지 위안소가 존재했던 것으로 보이는데, 그 규모와 지역적 범위는 전장의 확대와 함께 확대되었다.

3) 위안소가 존재했던 지역
이번 조사 결과, 위안소의 존재가 확인된 국가 또는 지역은 일본, 중국, 필리핀, 인도네시아, 말라야(당시), 타이, 버마(당시), 뉴기니아(당시), 홍콩, 마카오 및 프랑스령 인도차이나(당시)이다.

4) 위안부의 총수

발견된 자료에는 위안부의 총수를 나타내는 기록은 없고, 또 이를 추정하기에 충분한 자료도 없기 때문에, 위안부의 총수를 확정하는 것은 곤란하다. 그러나 위에서 기술한 것처럼, 장기간 광범위한 지역에 걸쳐 위안소가 설치되었고, 수많은 위안부가 존재했다는 것을 인정할 수 있다.

5) 위안부의 출신지

이번 조사 결과 위안부의 출신지로 확인할 수 있었던 국가 또는 지역은 일본, 한반도, 중국, 대만, 필리핀, 인도네시아, 네덜란드이다. 또 전장으로 이송된 위안부의 출신지로는, 일본인을 제외하면 한반도 출신자가 많다.

6) 위안소의 경영 및 관리

위안소의 다수는 민간업자들에 의해 경영되었지만, 일부 지역에서는 구 일본군이 직접 위안소를 경영한 사례도 있었다. 민간업자가 경영한 경우에도, 구 일본군이 그 개설을 허가하거나, 위안소 시설을 정비하거나, 위안소 이용 시간, 이용 요금이나 이용 시 주의 사항 등을 정한 위안소 규정을 작성하는 등, 구 일본군은 위안소의 설치와 관리에 직접 관여했다.

위안부의 관리에 대해서는, 구 일본군은 위안부와 위안소의 위생 관리를 위해 위안소 규정을 마련하고 이용자에게 피임기구 사용을 의무화하거나, 군의관이 정기적으로 위안부의 성병 등의 질병에 대한 검사를 실시하는 등의 조치를 취했다. 위안부에 대해 외출 시간이나 장소를 한정하는 등의 위안소 규정을 마련하여 관리한 곳도 있었다. 어쨌든 위안부들이 전장에서는 상시 군의 관리 아래에서 군과 함께 행동하게 되어 있었고, 자유도 없는 고통스러운 생활을 강요당했다는 것은 명백하다.

7) 위안부의 모집

위안부의 모집에 대해서는, 군 당국의 요청을 받은 경영자의 의뢰에 의해 알선업자들이 그 일을 담당한 경우가 많았지만, 그 경우에도 전쟁의 확대와 함께 그 인원 확보의 필요성이 커졌고, 그러한 상황 아래에서 업자들이 혹은 감언이설로 속이고 혹은 공포심을 불러일으키는 등의 형태로 본인들의 의사에 반해 모집하는 경우가 많았고, 게다가 관헌 등이 직접 이에 가담하는 등의 경우도 발견되었다.

8) 위안부의 수송 등

위안부 수송에 관해서는, 업자가 위안부 등의 부녀자를 선박 등으로 수송할 때, 구 일본군은 그녀들을 특별히 군속에 준해 취급하는 등 그 도항 신청에 대해 허가를 내주었고, 또 일본 정부는 신분증명서 등을 발급하기도 했다. 또한 군의 선박이나 차량을 이용하여 전장으로 이송된 경우도 적지 않았을 뿐 이니라, 패주하는 혼란스러운 상황 속에서 현지에 방치된 사례도 있었다.

위안부 관계 조사 결과 발표에 관한 내각관방장관 담화

코오노 담화
1993년 8월 4일

이른바 종군위안부 문제에 관해 정부는 작년 12월부터 조사를 진행해 왔으며, 이번에 그 결과가 정리되어 발표하기로 했다.

이번 조사의 결과, 장기적으로 그리고 광범위한 지역에 걸쳐서 위안소가 설치되었고, 수많은 위안부가 존재했다는 사실이 인정되었다. 위안소는 당시의 군 당국의 요청에 의해 설치된 것이며, 위안소의 설치·관리 및 위안부의 이송에 관해서는, 구 일본군이 직접 또는 간접적으로 이에 관여했다. 위안부 모집에 관해서는, 군의 요청을 받은 업자가 주로 이에 임했는데, 그 경우에도 감언, 강압에 의하는 등 본인들의 의사에 반해 모집된 사례가 많이 있고, 나아가 관헌 등이 직접 이에 가담한 경우도 있었다는 사실이 밝혀졌다. 또 위안소에서의 생활은 강제적인 상황 아래에서의 고통스러운 것이었다.

또한 전쟁 지역으로 이송된 위안부의 출신지에 관해서는, 일본을

서울 일본대사관 앞의 수요시위
2011년 12월 14일에 1,000회를 맞았다. 정대협 제공.

제외하면 조선반도가 큰 비중을 차지했는데, 당시 조선반도는 우리나라의 통치 아래에 있어서, 그 모집·이송·관리 등도 감언·강압에 의하는 등 전체적으로 보아 본인들의 의사에 반해 이루어졌다.

어쨌든 이 사건은 당시의 군의 관여 아래 다수 여성의 명예와 존엄에 큰 상처를 준 문제이다. 정부는 이 기회에 다시금 그 출신지 여하를 묻지 않고, 이른바 종군위안부로서 수많은 고통을 경험하시고, 심신에

걸쳐 치유하기 어려운 상처를 입으신 모든 분들에 대해 진심으로 사죄(お詫び)와 반성의 마음을 표한다. 또 그와 같은 마음을 우리나라의 입장에서 어떻게 표현할지에 관해서는, 지식인의 의견 등도 참조하면서 앞으로도 진지하게 검토해야 한다고 생각한다.

우리는 이와 같은 역사의 진실을 회피하지 않고, 오히려 이것을 역사의 교훈으로서 직시해 가고자 한다. 우리는 역사 연구, 역사 교육을 통해 이와 같은 문제를 영원히 기억하고, 같은 잘못을 결코 반복하지 않겠다는 굳은 결의를 다시금 표명한다.

또한 이 문제에 관해서는 우리나라에서 소송이 제기되어 있고, 또 국제적으로도 관심이 쏠리고 있어서, 정부로서도 앞으로 민간 연구를 포함하여 충분히 관심을 기울여가고자 한다.

참고 자료 2

> 입법 부작위에 기한 손해배상을 인정한 일부 승소 판결

관부 재판
야마구찌 지방재판소 시모노세키 지부 판결
(1998년 4월 27일)

제3 법률문제

4. 입법 부작위에 의한 국가배상 청구에 대해

3) 그래서 이상의 견지에 따라 이 사건에 대해 검토한다.

  (1) 종군위안부에 대해

  ③ 그렇지만 종군위안부에 대한 인권 침해의 중대성과 현재까지 지속되는 피해의 심각함에 비추어보면, 아래와 같은 해석이 가능하다고 생각한다.

   종군위안부 제도는 그 당시에도 부인 및 아동의 매매 금지에 관한 국제조약(1921년)이나 강제노동에 관한 조약(1930년)상 위법의 혐

의가 강한 존재였는데, 단지 그것에만 머물지 않고, 그 제도는 위안부 원고들이 그랬던 것처럼, 식민지·점령지의 미성년 여자를 대상으로 감언, 강압 등에 의해 본인의 의사에 반해 위안소로 연행하고, 나아가 군대의 위안소에 대한 직접적·간접적 관여 아래 정책적·제도적으로 군인과의 성교를 강요한 것이기 때문에, 그것이 20세기 중반의 문명적 수준에 비추어보아도 지극히 반인도적이며 추악한 행위였다는 것은 명백하며, 적어도 일류국을 표방하는 제국 일본이 그 국가 행위로 가담할 것은 아니었다. 그럼에도 불구하고 제국 일본은 구 군대뿐만 아니라 정부 스스로도 사실상 이에 가담했고, 그 결과 위에서 살펴본 것과 같은 중대한 인권 침해와 심각한 피해를 초래했을 뿐만 아니라, 위안부 원고들을 비롯하여 위안부가 된 많은 여성의 그 이후의 인생까지도 바꾸어, 제2차 세계대전 종료 후에도 여전히 굴욕의 반생을 강요한 것이며, 일본국 헌법 제정 후 50여 년이 지난 오늘날까지 그녀들을 한없는 고통에 빠뜨리고 있다.

 그런데 이러한 경우 법의 해석 원리로서 혹은 조리로서, 선행 법익 침해에 근거한 그 이후의 보호 의무를 위의 법익 침해자에게 부과해야 한다는 것이 일반적으로 허용되고 있다. 〔요지. 그렇다면 현행 헌법 이전의 국가 행위라도, 동일성이 있는 국가인 피고에게는 중대한 침해를 당한 피해자에게 더 이상의 피해를 끼치지 않도록 보증해야 할 조리상의 법적 작위 의무가 부과되어 있다고 할 것이며, 특히 개인의 존중·인격의 존엄에 가치를 두고, 군국주의를 반성한 일본국 헌법 제정 이후에는, 더욱더 그 의무가 무거워져 손해 회복 조치를 취하지 않으면 안 될 터이다. 그런데도 피고는 이 제도를 알고 있었음에도 불구하고 헌법 제정 이후에도 의무를 다하지 않아, 피해자의 고통을 배가시켰다. 이 부작위는 그 자체가 그 여성들의 인격에 대한 새로운 침해 행위가 된다고 할 것이다. 그리고 이 문제가 국제화된 1990년 무렵에는, 여러 해 동안의 방치, 고령화, 여성 차별 철폐와 성적 자유사상 등과 맞물려, 더욱더 중대성과 구제의 필요성이 커져, 위 부작위로 인한 새로운 침해 행위는 위헌적 위법성을 띠게 되었다고 할 수 있다.〕

④ 그리고 〔생략〕, 내각관방 내각외정심의실은 1993년 8월 4일, 〔생략〕 조사보고서를 제출했고, 또 당시의 코오노 요오헤이 내각관방장관도 〔코오노 담화를 거의 인용〕을 발표했다는 사실이 확인되는데, 위 조사보고서와 내각관방장관 담화에 따르면, 〔요지. 이 문제가 여성 차별과 민족 차별이라는 중대한 인권 침해이고, 진심에서 우러나는 사죄와 반성의 마음을 어떻게 표현할 것인지 진지하게 고려할 것이라고 표명되어 있다〕. 이에 더해 그때까지는 〔요지. 독일, 미국, 캐나다에서 제2차 세계대전 중의 각 국가의 행위로 인한 외국인 피해자에 대한 사죄와 구제의 입법 등이 이루어진 사실도 밝혀져 있고〕, 이러

한 선진 국가들의 동향과 함께 종군위안부제도가 이른바 나치의 만행에 준하는 심각한 인권 침해이며, 그것에 의해 위안부가 된 많은 여성이 입은 손해를 방치하는 것도 또한 새로운 인권 침해를 야기하는 것이라는 점도 고려하면, 늦어도 위의 관방장관 담화가 발표된 1993년 8월 4일 이후의 빠른 단계에서, 위의 작위 의무는 위안부 원고들이 입은 손해를 회복하기 위한 특별한 배상 입법을 해야 할 일본국 헌법상의 의무로 전환되어, 그 취지가 명확히 국회에 대해 입법 과제를 제기했다고 할 것이다. 그리고 위의 담화로부터 늦어도 3년이 지난 1996년 8월 말에는 위의 입법을 해야 할 합리적인 기간이 경과했다고 할 수 있기 때문에, 당해 입법부작위가 국가배상법상으로도 위법하게 되었다고 인정된다.

또 피고 국회의원도 위의 담화로부터 위의 입법 의무를 입법 과제로 인식하는 것은 용이했다고 말할 수 있기 때문에, 그 입법을 하지 않은 데 대해 과실이 있다는 것은 명백하다.

⑤ 따라서 위안부 원고들은 피고에 대해 국가배상법 1조 1항에 근거하여 피고 국회의원이 위의 특별한 배상 입법을 해야 할 의무를 위법하게 게을리한 것에 의한 정신적 손해의 배상을 요구할 권리가 있다고 할 것이며, 그 금액에 대해서는, 장래의 입법에 의해 피해 복구가 이루어질 것을 고려하여 각 30만 엔으로 산정하는 것이 상당하다.

> 입법적·행정적 해결을 희망한다는 취지의 부언 판결

산서성 재판

토오쿄오 지방재판소 판결

(2003년 4월 24일)

* 토오쿄오 지방재판소 판결에서도 "…… 이를 인용한다"라고 재확인되고 있다.

제5 당 재판소의 판단

5. 사후적 구제에 관한 우리나라의 책임에 대해

5) 사법부의 책임

① 원고들은 우리나라의 세 번째 책임으로 우리나라 재판소에서의 재판 거부를 문제 삼지만, 피해자 원고들의 이 사건 피해에 대해서는, 그 자체의 구제라는 차원에서도, 그 사후적인 구제라는 차원에서도 모두 다 부정하지 않을 수 없다.
② 원래 재판소에 의한 사법적 구제는 법령의 적용에 의해 사건의 해결을 도모하는, 말하자면 과거형의 문제 해결밖에 허용되지 않는

1998년 판결을 보도한 ≪요미우리(読売)신문≫ (1998년 4월 27일)
일서부판(日西部版)

것이며, 재판소가 이 사건에 적용해야 할 법령을 적용한 결과로서 원고들의 청구를 기각한다는 취지의 재판을 하는 경우에, 그 현상의 면에서 이를 '재판 거부'라고 비판하는 것은 타당하지 않다고 할 것이다.

③ 하지만 전후 50여 년이 지난 지금도 그리고 앞으로도, 이 사건 피해가 생존 피해자 원고인 원고들 혹은 이미 사망한 피해자 원고들의

상속인 혹은 소송승계인인 원고들의 마음속 깊은 곳에 사라지지 않는 흔적으로 계속 남을 것이라는 점을 생각하면, 입법부 및 행정부가 그 피해의 구제를 위해 다시금 입법적·행정적인 조치를 강구하는 것은 충분히 가능하다고 생각된다. 피고가 최종 준비서면(보충)에서 주장하는 샌프란시스코 평화조약의 체결로부터 중일 공동성명의 조인을 거쳐 현재에 이르는 우리나라의 외교 노력 내지 그 성과에 대해서는, 이의를 제기할 만한 것은 아니지만, 말하자면 미래형의 문제 해결로서, 관련 당사국 및 관련 기관과의 절충을 통해, 이 사건 소송을 포함하여 이른바 전후 배상 문제가 사법적인 해결과는 별개로 피해자들에게 직간접적으로 무언가 위로를 가져다주는 방향으로 해결되는 것이 요망된다는 것을 이 재판소로서는 부언하지 않을 수 없다.

감수 후기

왜 지금 일본 재판소의 판결을 읽는가?

I.

이 책은 쯔보카와 히로코(坪川宏子), 오오모리 노리코(大森典子) 두 사람의 편저 『司法が認定した日本軍「慰安婦」― 被害・加害事実は消せない!』(かもがわ出版, 2011)를 완역한 것이다.

쯔보카와 씨는 일본에서 일본군'위안부' 문제가 본격적으로 제기된 초기인 1992년 무렵부터, '〈위안부〉문제 해결 올(all)연대 네트워크', '일본군'위안부' 문제 해결 전국행동 2010' 등 피해자들을 지원하는 시민단체의 핵심 멤버로서 활동해 왔고, 그 일환으로 소송 지원 활동에 주력해 왔다. 오오모리 씨는 일본변호사연합회 한일 변호사회 전후 처리 문제 행동 특별부회 위원, 중국인'위안부' 소송 변호단장, '위안부' 문제 해결 올연대 네트워크 공동대표 등을 지내며 적극적인 소송 활동을 해왔다.

II.

일본군'위안부' 문제는, 제국주의국가 일본(일제)이, 1930년대 초부터 1945년 패망할 때까지, 한반도를 비롯한 아시아 지역의 수많은 여성들을 강압적으로 끌고 가 아시아 전역에 만든 '위안소'에서 '성노예'를 강요한 범죄와 그에 대한 책임 및 그로부터 파생해 나온 문제들의 총체이다. 파생해 나온 문제들에는 귀환/미귀환과 이후의 억압된 고통의 문제, 법적 책임의 추궁과 회피 혹은 부정 등이 포함된다.

일본군'위안부' 문제는 젠더·성·역사·외교·사회·문화에 관한 문제인 동시에 법의 문제이기도 하다. 오히려 무엇보다 '법'의 문제이다. 왜냐하면 범죄와 그에 대한 책임, 그리고 피해자의 권리와 구제에 관한 문제이고, 조약·국제법·소송이 핵심 쟁점인 문제이며, 전 세계적인 여성 인권과 중대한 인권 침해에 관한 문제이기 때문이다.

그래서 피해자들이 공식적으로 피해의 구제를 요구하기 시작한 1990년대 초부터 주목된 것이 소송이었다. 제국주의국가 일제의 식민지 지배와 침략으로 인해 피해를 당한 한국인, 중국인 등은 일본국과 일본 기업의 책임을 묻기 위해 1990년대부터 본격적으로 일본의 재판소에 소송을 제기했고, 그 총수는 100여 건에 이른다. 한반도 출신 일본군'위안부' 피해자들은 그중 4건의 소송에 원고로 참여했다.

 그들 대일과거청산소송 중 일본의 최고재판소에서 원고가 최종 승소한 케이스는 없다. 일본군'위안부' 피해자들이 제기한 소송들도 마찬가지이다. 다만, 부산 지역에 거주하는 피해자들이 제기한 소송에 대해, 1998년 4월 27일에 야마구찌 지방재판소 시모노세키 지부가, 일본군'위안부' 문제는 "20세기 중반의 문명적 수준에 비추어보더라도, 극히 반인도적이고 추악한" 것으로서 "철저한 여성 차별, 민족 차별 사상의 표현이며, 여성의 인격의 존엄을 근저에서부터 침해하고, 민족의 긍지를 유린하는 것이며, 게다가 결코 과거의 문제가 아니라 현재에도 극복해야 할 근원적인 인권문제"라고 엄하게 규탄하며, 원고 일부 승소 판결을 선고한 것은 예외적인 사례의 하나이다. 하지만, 이 판결은 일본국이 구제 입법을 해야 함에도 하지 않은 잘못에 대한 간접적인 책임을 묻는 데 머물렀고, 그마저도 항소심에서 원고 전면 패소로 뒤집어졌다.

III.

 이렇게 일본에서의 대일과거청산소송은 결국 패소로 끝났지만 매우 귀중한 성과를 낳았다.

 첫째, 한국 법원에서의 전면 승소이다. 2016년 이래 한국인 피해자와 유족들이 일본국을 상대로 제기한 일련의 손해배상청구소송에 대해, 2023년 11월 23일 서울고등법원 제33민사부(구회근, 황성미, 허익수 판사), 2021년 1월 8일 서울중앙지방법원 제34민사부(김정곤, 김경선, 전경세 판사), 2025년 4월 25일 청주지방법원(이효두 판사)이, 원고 전면 승소의 판결을 선고했다. 일본의 가해행위가 당시의 다수의 국제법을 위반한 "불법적인 식민지배 및 침략전쟁의 수행과 직결된 반인도적인 불법행위"라고 선언하고, 피해자들에게 각각 1~2억 원의 손해배상을 할 것을 선고한 것이다.

 전 세계가 주목하고 있는 한국 법원의 이 판결들은 일본에서의 소송이 없었다면 나오기 어려웠을 것이다. 한국 소송의 변호단이 제시한 기초적 사실과 법적 논거는 일본 소송을 통해 법률가들과 학자들에 의해 다듬어진 것을 토대로 한 것이었다. 한국의 판사들은 일본 판결의 의미와 한계를 검토한 위에 판결문을 썼을 것이다. 그 점에서 일본에서의 대일과거청산소송은 30년 이상 이어져 온 일본군'위안부' 문제 해결운동의 역사에서 중요한 한 장면을 구성한다고 하여도 틀림이 없을 것이다.

둘째, 피해·가해 사실의 법적 확인이다. 피해자들은 주로 1931년부터 1945년까지 피해를 당했지만, 1990년대가 될 때까지 오랜 세월 동안 '목소리'를 내지 못했다. 그러한 그들에게 일본의 재판소라는 공적인 공간에서 피해를 드러내고 가해를 규탄할 수 있었던 것, 그 피해·가해 사실이 일본 재판소의 판결이라는 공적인 문서를 통해 법적으로 확인된 것은, 피해 구제의 중요한 일부분을 구성하는 것임이 틀림없을 것이다.

그것은 일본 정부의 책임 회피를 차단하는 역할을 하기도 한다. 일본 정부는 피해 사실을 입증하는 '일본의 공문서'가 없다는 것을 일본군'위안부' 부정의 중요한 논거로 제시해 왔다. 그 자체가 매우 저열한 주장이기도 하지만, 무엇보다 피해자들의 증언을 전면 부정하는 2차 가해이다. 일본 재판소의 판결은 '일본의 공문서'이다. 거기에 분명하게 피해·가해의 사실이 확인되어 있으니, 일본 정부의 일본군'위안부' 부정은 더더욱 설 자리가 없는 것이다.

IV.

편저자들은 바로 그 일본의 사법이 인정한 '피해·가해 사실'의 의미에 주목하여 이 책에서 정리하고 있다. 피해 구제라는 궁극의 목표로 나아가기 위한 출발점이며, 동시에 거듭 확인하고 기억해야 할 역사이기도 하다.

지금 일본군'위안부' 문제에 관한 일본 재판소의 판결을 확인해야 할 이유가 여기에 있다.

2025년 7월

김창록

발간 후기

왜 지금 이 책인가?

2024년 12월 3일, 윤석열 전 대통령이 일으킨 충격적인 내란은 대한민국 민주 시민의 용기와 힘으로 제압되었다.

돌이켜 보면 3년도 안 되는 기간 동안 윤석열 정부가 가장 열심히 한 일은 역사 훼손이었다. 정권 초기부터 가열 차게 진행된 이해할 수 없는 일본과의 '코드 맞추기'는 역사 부정을 통한 국가 정체성의 근본적 훼손이라는 커다란 문제를 우리 사회에 안겼다. 집권 내내 대일 굴종외교를 넘어 '자해외교'로 일관하며 독도 인근 해상에서 자위대와 군사훈련을 하고, 강제동원 역사를 지운 일본의 사도광산 등재에 찬성하며 강제동원 피해자 '제3자 변제안'을 발표했다. '2015 한일합의' 정신 준수 운운하며 일본군'위안부' 피해자들이 쟁취한 일본국상대손해배상청구소송 승소 판결도 무시해 왔다. 대통령실과 주요 정부 부처 장차관은 물론이고 독립기념관, 한국학중앙연구원, 동북아역사재단 등 주요 역사기관장마저 '뉴라이트' 계열 인사를 임명했다. 이들은 공적 공간에서 '식민지 근대화론'을 설파하거나 일제의 한반도 불법 강점을 부인하는 등 일본 우익이나 할 법한 망언을 일삼았다. 2025년 한일협정 60년을 맞아 "한·일판 '엘리제 조약' 마련"이라는 명목으로 '제2의 을사늑약'으로 우려되던 망국적 "한·일 신공동선언 체결"까지 계획하고 있었다.

이런 가운데 5년이 넘게 이른바 '맞불 집회'를 열어 수요시위를 방해하고 피해자들을 '거짓말쟁이', '자발적으로 간 매춘부'라고 모욕하는 자들의 망동도 극에 달했다. "단 1명이라도 강제로 간 사람이 있으면 데리고 오라"고 기세등등하게 소리치며 정의기억연대와 참가자들을 공격했다. 이들은 일본의 대표적 우익 인사들과 보란 듯이 공조하고 교류하며 부정과 왜곡으로 가득 찬 자신들의 저서를 상호 번역하고 홍보하면서, 일본군'위안부'의 강제성을 부인하는 문건을 유엔에 제출하기도 했다.

사적 영역이나 학문의 자유를 빌려 간간이, 때로는 은밀하게 드러

났던 역사부정론이 국가권력과 연구자들에 의해 공개적·공식적·집단적으로 표출되고 아스팔트 극우나 유튜브 등 소셜미디어 플랫폼을 통해 확대·재생산되어 왔던 것이다. 이 같은 '극우의 주류화, 주류의 극우화' 과정에서 나타난 극단적 결과가 윤석열의 12·3 내란 사태라 할 것이다.

정의기억연대에서 『사법이 인정한 일본군'위안부': 피해·가해 사실은 지울 수 없다!』 한국어판을 기획해 번역·출간하게 된 배경은 여기에 있다. 일제 식민지 시기에 뿌리를 둔 채 한반도 분단냉전체제를 등에 업고 오랜 세월 연결되어 공진화해 온 부정의(不正義)의 네트워크와 이들 안에서 공명하던 부정(不定)의 언어를 근본적으로 극복할 방안은 무엇일까. 그런 점에서 이 책은 몇 가지 큰 의미를 지닌다.

우선 이 책에는 1991년 12월부터 고(故) 김학순을 필두로 한 아시아·태평양 지역의 광범위한 피해자들이 일본 정부를 상대로 제기한 손해배상청구소송의 역사가 총망라되어 있으며, 일본의 사법부가 인정한 가해·피해 사실의 구체적인 내용이 적시되어 있다. 무엇보다 제국주의 일본 정부와 일본군의 범죄행위로 피해자들이 입은 고통의 내용이 너무도 적나라하게 기록되어 있어 일본군성노예제의 본질이 무엇인지를 우리에게 생생히 환기하고 있다. 차고도 넘치는 증거 앞에서도 여전히 식민지·전쟁 범죄를 부정하거나 왜곡하고 피해자들과 지원 단체들을 공격해 온 일본 정부와 극우들의 문제도 자연스럽게 드러나고 있다. 결국 이 책은 진실을 지키고 기억하고 기록하는 사람들만이 부정과 혐오의 언어를 타파할 수 있으며, 미래 세대에게 적확하고 올바른 기억을 물려주는 길만이 더 나은 세상을 위해 우리가 할 수 있는 일이라는 점을 다시 한번 깨닫게 해준다. 모쪼록 이 책이 널리 읽히고 쓰임이 많아지길 바란다.

오랫동안 일본에서 일본군'위안부' 문제 해결 운동에 헌신하며 피해자들의 인권과 명예 회복을 위해 노력해 온 일본의 시민들에게 새삼 감사드린다. 진실을 위한 투쟁에 두려움 없이 인생을 던져주신 여러분들에게 감사드린다. 그 덕분에 일본군성노예제는 국제 사회의 보편적 여성 인권 문제의 상징이 되었고, 한국에서 피해자들이 제기한 세 개 소송 또한 '국가면제'라는 커다란 벽을 넘어 승소 판결로 이어질 수 있었다. 이 책의 원저자인 쯔보카와 히로코 씨와 오오모리 노리코 씨의 오랜 노고는 그런 점에서 한일 역사에 깊이 새겨져야 한다. 지면을 빌려 다시 한번 감사드린다.

급하게 번역을 요청했지만 흔쾌히 수락해 주신 역자 이원규 선생님에게도 진심으로 감사드린다. 바쁜 일정에도 감수를 맡아주신 김창록 선생님에게도 존경의 마음을 전한다. 두 전문가의 번역과 감수 덕분에 오역 없는 번역서가 시의적절하게 완성될 수 있었다. 어려운 시절에도 늘 응원과 격려를 아끼지 않으며 기꺼이 함께 해주신 국내외 활동가들과 후원자들에게도 감사드린다. 정의로운 그 마음이, 그 행동이 결국은 모두를 지켜내고 키워낸 생명의 디딤돌이었음을 잊지 않겠다.

2025년 7월

정의기억연대 이사장 이나영

이 책을 만든 사람들

• **한국어판 기획**
일본군성노예제 문제해결을 위한 정의기억연대
1990년 11월 16일 국내 37개 여성단체의 결의로 발족한 한국정신대문제대책협의회의 정신과 활동을 계승하고, 2016년 6월 9일 '2015 한일합의' 무효화를 위해 100만 시민의 참여로 설립된 일본군성노예제 문제해결을 위한 정의기억재단의 설립 취지와 활동을 이어받아 2018년 7월 11일 통합, 출범하였습니다.
1991년 8월 14일, 김학순 할머니의 용기 있는 증언으로부터 세상에 알려진 일본군성노예제 문제의 올바른 해결을 위해 할머니들께서 끊임없이 외쳤던 메시지를 이어받아 피해자들의 명예와 인권을 회복하고, 평화로운 세상을 열기 위해 활동을 하고 있습니다. 정의기억연대는 여성, 인권, 평화의 관점에서 세계 시민과 함께 일본군성노예제 문제와 분쟁하 여성인권 침해 및 성착취 문제를 해결하고 기억하는 데 앞장서고 있습니다.

• **편저자**
쯔보카와 히로코(坪川宏子)
'위안부' 문제 해결 올연대 네트워크 사무국장·공동대표
1992년 무렵부터 한국 유족회의 재판지원회에 가입, 할머니들과 오랫동안 교류
국민기금문제 때문에 위 지원회 탈퇴 후, 중국인 '위안부' 재판 지원
일본군'위안부'문제해결전국행동 회원
한·중·일 3국 공통역사교재 편찬위원
전 토오쿄오 도립고교 교원
  【공역】『한국 고교생의 역사리포트(韓国高校生の歴史レポート)』(明石書店, 2006)

오오모리 노리코(大森典子)
변호사, 중국인'위안부' 소송 변호단장
일변련 한일 변호사회 전후처리 문제 행동 특별부회 위원
'위안부' 문제 해결 올연대 네트워크 공동대표
'위안부' 문제와 젠더 제미나르 부대표 세화인(世話人)
　【저서】『역사의 사실과 마주하여(歷史の事実と向き合って)』(新日本出判, 2008)

• 감수자
김창록
경북대학교 법과대학 교수
서울대학교 법과대학 법학과 졸업, 동 대학교 법학과 석박사
부산대학교, 건국대학교 부교수 역임
여성부 일본군위안부피해자생활안정지원 및 기념사업심의위원회 위원, 대법원 사법개혁위원회 전문위원, 부산대학교 아시아문제/국제지역문제연구소 일본연구센터장, 일본군성노예전범 여성국제법정 한국위원회 위원, 일제강점하강제동원피해진상규명위원회 위원, 친일반민족행위자재산조사위원회 자문위원, 일본군'위안부'연구회 회장, 한국법사학회 회장 등 역임

• 옮긴이
이원규
경북대학교 법학연구원 연구원
경북대학교 법과대학 법학부 졸업
동 대학교 법학과 석사
동 대학교 법학과 박사과정 수료
경북대학교 법학연구원 전임연구원, 창원대학교 사회과학대학 법학과 시간강사, 일본군'위안부'연구회 간사 역임

사법이 인정한 일본군'위안부'
피해·가해 사실은 지울 수 없다!

한국어판 기획 **일본군성노예제 문제해결을 위한 정의기억연대**
편저자 **쯔보카와 히로코, 오오모리 노리코**
감수자 **김창록**
옮긴이 **이원규**
펴낸이 김종수
펴낸곳 한울엠플러스(주)
편　집 최진희

초판 1쇄 인쇄 2025년 7월 28일
초판 1쇄 발행 2025년 8월 15일

주소 10881 경기도 파주시 광인사길 153 한울시소빌딩 3층
전화 031-955-0655
팩스 031-955-0656
홈페이지 www.hanulmplus.kr
등록 제406-2015-000143호

Printed in Korea.
ISBN　978-89-460-8390-5　03910(양장)
　　　978-89-460-8391-2　03910(무선)

* 책값은 겉표지에 표시되어 있습니다.
* 무선 제본 책을 교재로 사용하려면 본사로 연락해 주시기 바랍니다.